nada

Karin Jundt

Ich liebe mich selbst 2

Ein Kurs in Selbstliebe, Teil 2:
Übungsbuch

nada

Reihe Wegweiser

Bibliografische Information der Deutschen Nationalbibliothek:
Die Deutsche Nationalbibliothek verzeichnet diese Publikation in der Deutschen Nationalbibliografie; detaillierte bibliografische Daten sind im Internet über http://dnb.dnb.de abrufbar.

Verlag: nada Verlag Karin Jundt, 8712 Stäfa, Schweiz
E-Mail: info@nada-verlag.ch
Druck: Libri Plureos GmbH, Friedensallee 273, 22763 Hamburg, Deutschland

4. überarbeitete Auflage 2024 (1. Auflage 2016)
Copyright © 2016, 2019, 2024 **nada** Verlag, 8712 Stäfa, Schweiz

ISBN 978-3-907091-06-7

Für meinen Vater († 2003),
in liebevollem Gedenken.

Inhaltsverzeichnis

*Sich selbst zu lieben
ist der Beginn einer
lebenslangen Romanze.*

Oscar Wilde

Einleitung

Erkenntnisse sind oft einleuchtend und Weisheiten wirken manchmal beinahe banal. Doch mit dem Wissen allein ist es nicht getan. Wir müssen es in die Praxis umsetzen, in unserem Alltag leben. Daran scheitern wir zuweilen, weil wir nicht genau wissen wie oder weil es uns an Mut fehlt.

Deshalb ergänzt dieser zweite Band meinen ersten, «Ich liebe mich selbst und mache mich glücklich». Zur Theorie, die dort mehr Raum einnimmt, fasse ich mich hier kurz; der Schwerpunkt liegt in der konkreten Anleitung zur Veränderung von Verhaltensweisen im Alltag, um dadurch das Selbstwertgefühl und die Selbstliebe zu stärken und selbstbestimmt zu leben.

Ich zeige euch, liebe Leser*innen, damit einen Weg auf – den Weg, den ich vor über drei Jahrzehnten selbst beschritten habe. Gehen müsst ihr ihn selbst, niemand kann euch auch nur einen Schritt abnehmen. Aber ich versichere euch: Es ist nicht so schwierig, wie wir manchmal meinen. Ein bisschen Mut braucht es allerdings und hie und da einen Sprung über den eigenen Schatten. Dazu werde ich euch immer wieder ermuntern, denn es lohnt sich: Es lebt sich viel leichter mit einem gesunden Selbstwertgefühl und ausreichend Selbstliebe.

Noch zwei Anmerkungen. Ich erlaube mir, euch in diesem Buch zu duzen, aus meiner tief empfundenen Empathie mit allen Menschen, die sich auf dem Pfad der inneren Entwicklung und Selbstveränderung befinden. Zudem beschränke ich mich um der leichteren Lesbarkeit willen auf die männliche Form; ich – als Frau – stehe über diesen Äußerlichkeiten, und ich bin sicher, ihr auch.

Ich wünsche euch spannende, bereichernde Erfahrungen und viel Freude bei eurem Wandlungsprozess!

Karin Jundt

Zum Umgang mit diesem Buch

In meinem →Buch «Ich liebe mich selbst und mache mich glücklich», das auf meinen Kursen beruht, habe ich erläutert, wieso es uns oft an Selbstliebe mangelt, und meine Methode zum Erlangen dieser wertvollen Eigenschaft ausführlich erklärt.

→ Siehe Info auf Seite 152.

Um mit dem vorliegenden Übungsbuch arbeiten zu können, ist dieses Basiswissen nicht unbedingt erforderlich – nützlich bestimmt, aber nicht unerlässlich. Falls du den ersten Band nicht gelesen hast, findest du nachfolgend die wichtigsten Hinweise, wie du mit den Aufgaben arbeiten kannst. Solltest du mein erstes Selbstliebe-Buch schon kennen, ist es auch zur Erinnerung sicher sinnvoll, diese Anleitung nochmals zu lesen.

• Das Allerwichtigste zuerst: *Arbeite immer nur an einer einzigen Aufgabe!* Du solltest deine Achtsamkeit nicht auf mehrere Verhaltensweisen aufteilen; es ist bei einer schon herausfordernd genug, im Alltag stets wachsam zu sein und die entsprechenden Situationen rechtzeitig wahrzunehmen und «richtig» darauf zu reagieren.

• Wie lange du bei der gleichen Aufgabe bleibst, bevor du die nächste in Angriff nimmst, ist individuell. Bei den einen Aufgaben wird es vielleicht nur wenige Tage dauern, bis du dein Verhalten entscheidend verändert hast, bei anderen viele Wochen oder gar Monate. Sei geduldig mit dir selbst; das Loslassen von Mustern, die dich seit Jahren und Jahrzehnten begleiten und fest in dir verankert sind – oder treffender gesagt: das Einüben neuer Verhaltensweisen –, kann nicht über Nacht geschehen.

Meine Empfehlung: Arbeite mit der gleichen Aufgabe, bis du eine deutliche Veränderung erkennst, also bis du *häufig automatisch* mit deinem neuen Verhalten auf die entsprechenden Herausforderungen reagierst und es dich innerlich nicht mehr intensiv beschäftigt. Dann gehst du zum nächsten Schritt weiter.

Es wird auch danach vorkommen, dass du von Zeit zu Zeit wieder in das alte Muster fällst, unbewusst oder weil du in einem bestimmten Moment gerade nicht stark oder mutig genug bist. Mach dir keinesfalls Vorwürfe deswegen! Das geht allen so, auch mir passiert es nach über 30 Jahren noch. Niemand ist vollkommen und niemand – außer wenigen Heiligen – erlangt die Vollkommenheit. Wir alle sind schwache Menschen. Entscheidend ist, dass wir die Wandlung anstreben und etwas dafür tun.

• Denke nicht, es dauere ewig, wenn du immer über längere Zeit an einer einzigen Verhaltensweise arbeitest. Hast du einmal ein paar Schritte geschafft – die ersten sind die schwierigsten –, so geht es müheloser und schneller voran. Denn mit jedem abgelegten Muster wachsen dein Selbstwertgefühl und deine Selbstliebe, und zwar nicht linear, sondern exponentiell. So wird es dir immer leichter fallen, an weiteren Aufgaben zu arbeiten. Und irgendwann verändern sich auch Verhaltensweisen, mit denen du dich gar nie bewusst beschäftigt hast, wie von selbst.

• Über die Abfolge der Kapitel habe ich gründlich nachgedacht, sie ist nicht zufällig entstanden. Deshalb empfehle ich dir, sie einzuhalten, vor allem für die ersten vier Schritte, die gewissermaßen eine Grundlage bilden. Sollst du bestimmte Schritte keinesfalls vorziehen, so habe ich es jeweils vermerkt. Im Übrigen kannst du auch einmal eines oder mehrere Kapitel überspringen und später darauf zurückkommen, wenn du spürst, dass eine andere Aufgabe dir gerade besser zusagt.

Die Randverweise auf andere Stellen dienen dazu, eine Thematik zu vertiefen und ähnliche Gedanken miteinander zu verknüpfen. Du darfst diese Textpassagen aus anderen Kapiteln durchaus vorwegnehmen, sie verhelfen dir zu besserem Verständnis; jedoch solltest du dich noch nicht mit jenen Aufgaben beschäftigen, sondern bei derjenigen deines ursprünglichen Schrittes bleiben.

• Bestimmt sind nicht alle Aufgaben, die ich in diesem Buch vorschlage, für jeden Leser geeignet oder notwendig; einige betreffen vielleicht Verhaltensweisen, unter denen du nicht leidest, andere gehen für deine gegenwärtige Bereitschaft eventuell zu weit. Entscheide selbst, was du dir zumuten willst – sei lieb mit dir, lass dich aber auch nicht von deinen Ängsten behindern.

- Gib bloß nicht auf, wenn einmal Schwierigkeiten auftauchen oder es gerade nicht so gut läuft und anstrengend ist, bleib dran, motiviere dich stets von Neuem! Ich weiß noch gut, wie schwer mir damals manches fiel, wie Rückschläge mir zusetzten, welche Entmutigung ich durchmachte und wie ich zuweilen dachte, wieder ganz bei Null zu stehen – und doch ging es vorwärts, manchmal besser und schneller, manchmal eben stockender und zäher. Irgendwann hatte ich dann aber eine solide Basis an Selbstwertgefühl und Selbstliebe erreicht. Du schaffst es auch.
- Bau dich an deinen Fortschritten auf, sind sie noch so gering. Überbewerte einen Rückfall nicht. Wir neigen dazu, unsere sogenannten Misserfolge durch ein Vergrößerungsglas zu sehen und die Erfolge durch ein Verkleinerungsglas. Unser Licht stellen wir häufig unter den Scheffel. Aber wir sollen uns nicht kleinmachen! Steh – vor allem vor dir selbst – zu dem, was du gut machst, was du gelernt hast, worin du eine positive Veränderung siehst. Du darfst das, du darfst stolz auf dich sein.

In diesem Zusammenhang noch ein Hinweis zu unserer Selbstwahrnehmung. Es kann vorkommen, dass wir es gar nicht merken, wenn wir eine bestimmte Verhaltensweise entscheidend verändern. Es passiert schleichend, wie hinter einem undurchsichtigen Vorhang. Erst nach einer ganzen Weile wird uns dann plötzlich bewusst: «Oh! Jetzt habe ich mich aber schon lange nicht mehr so verhalten.»

Gib nicht auf, du schaffst es. Und es lohnt sich, denn schon der kleinste, scheinbar unbedeutendste Fortschritt in Richtung mehr Selbstliebe schenkt dir ein Plus an Lebensqualität und Lebensfreude.

Auf der nächsten Seite findest du noch eine Anleitung zur Arbeit mit den Affirmationen, die ich im Arbeitsblatt zu jedem Schritt empfehle.

Anleitung zur Arbeit mit Affirmationen

Bei Affirmationen handelt es sich um eine Form der Autosuggestion; damit kannst du hinderliche Muster deines Unbewussten durch neue Überzeugungen und Verhaltensweisen ersetzen (das lateinische Wort *affirmatio* bedeutet Beteuerung, Versicherung).

• Wähle von den vorgeschlagenen Affirmationen jeweils eine aus, die dich anspricht. Du darfst den Satz im Wortlaut auch ändern, wenn andere Begriffe dir eher zusagen, oder dir eigene Affirmationen ausdenken. Beachte dabei zwei Grundregeln:

– Bilde keine verneinten Sätze (Sätze, in denen *nicht, nie, kein* und andere Verneinungen vorkommen) und keine mit Begriffen negativer Prägung. Formuliere also nicht: «Ich habe *keine Selbstzweifel* mehr» oder: «Meine *Selbstzweifel* verschwinden». Sondern: «Ich bin selbstsicher und selbstbewusst». Bei negativen Begriffen entsteht in dir eine (wenn auch nur unbewusste) ablehnende Emotion, was kontraproduktiv wirkt; Affirmationen sollen stets schöne, beglückende Dinge aussagen.

– Die Affirmation muss den angestrebten Zustand in der *Gegenwart* und als *Tatsache* ausdrücken, nicht in der Zukunft oder als Wunsch. Sag also nicht: «Ich *werde/möchte* mich selbst lieben». Sondern: «Ich *liebe* mich selbst.»

• Wiederhole am Abend unmittelbar vor dem Einschlafen die Affirmation zehn- bis zwanzigmal langsam und monoton wie eine Litanei, am besten halblaut, damit sie auch über das Gehör ins Unbewusste eingeht. Wenn du magst, fährst du in Gedanken damit fort, bis du einschläfst. Am Morgen, gleich nach dem Aufwachen, tust du das Gleiche.

• Du kannst die Affirmation selbstverständlich auch tagsüber überall und jederzeit rezitieren, etwa bei einem Spaziergang, beim Autofahren oder während des Kochens.

• Die gewählte Affirmation behältst du bei, solange du mit der Aufgabe des jeweiligen Kapitels arbeitest. Mit jedem neuen Schritt und der entsprechenden Aufgabe wählst du eine dazu passende neue Affirmation.

Schritt 1: Hab Mut zur Selbstliebe.

Mut ist nicht Furchtlosigkeit. Etwas zu tun, und sei es noch so spektakulär, wenn wir überzeugt sind, dass wir es können, es gut ausgeht, alle es billigen, verlangt uns keinen Mut ab. *Die Angst überwinden, das ist Mut.*
Wenn wir immer nur tun, was wir schon können, kommen wir keinen Schritt weiter. Dabei haben wir doch in unserem Leben schon unzählige Male Mut bewiesen. Seit frühester Kindheit brauchten wir ihn oft: für die ersten Schritte ohne uns festzuhalten, um das erste Mal eine Treppenstufe zu überwinden, ohne Stützräder Fahrrad zu fahren, am ersten Tag ohne die Mutter im Kindergarten, als wir das erste Mal einen Hund streichelten oder von einem Mäuerchen sprangen, uns mit einem Stärkeren prügelten, sogar um bei Tisch eine unbekannte Speise zu kosten, ...

Als Kinder besaßen wir diesen Mut; die Neugier, die Lust am Entdecken und am Lernen war schließlich immer stärker als unsere Angst vor dem Unbekannten und dem Versagen. Es lag bestimmt auch daran, dass wir nicht ständig darüber nachdachten, welche Konsequenzen unser Tun haben könnte. Kinder handeln in der Regel nach dem Prinzip →«trial and error»: Sie versuchen einfach etwas und wenn es schiefgeht, haben sie (vielleicht) daraus gelernt und tun es nicht mehr. Was sie jedoch nicht davon abhält, bei der nächsten Gelegenheit freimütig wieder etwas anderes auszuprobieren.

→ Trial and Error = Versuch und Irrtum

Wir Erwachsene hingegen haben für Fehlschläge, Misserfolge und unangenehme Situationen ein ausgezeichnetes →Gedächtnis und lassen zu, dass diese Erinnerungen uns daran hindern, das Gleiche nochmals zu wagen oder unbelastet an eine neue Herausforderung heranzugehen.

→ Zum Denken als Hindernis vergleiche Schritt 11, Seite 68.

Finden wir diesen kindlichen Mut wieder! Betrachten wir das Leben als eine Schule und gehen wir freudig gespannt auf neue Erfahrungen zu, um innerlich daran zu wachsen. Die Angst wird uns immer wieder begleiten und zu behindern versuchen. Denken wir in solchen Situationen an eine Begebenheit in der Kindheit zurück, in der wir die Angst überwanden, und fühlen wir die damalige Freude, als es uns gelang. Erinnern wir uns dabei auch daran, wie oft wir als Kinder gefallen sind… und immer wieder aufgestanden.

Mit der Angst und trotz der Angst

Es ist sinnlos, eine bestimmte Angstempfindung verdrängen zu wollen. Wenn wir Angst haben, haben wir Angst – da nützt alles gegenteilige Einreden nichts. Hilfreicher ist es, die Angst zu akzeptieren – und uns mit ihr –, uns selbst einzugestehen, dass sie da ist. Doch versinken wir nicht darin, verschmelzen wir nicht mit ihr. Stellen wir sie uns außerhalb von uns personifiziert vor, wie jemand an unserer Seite: ein unangenehmer Geselle, aber kein gefährlicher, lebensbedrohlicher. Schauen wir sie genau an: Wie sieht sie aus, welche Ausdehnung hat sie, welche Farbe, welchen Geruch, wie ist sie angezogen, welche Haltung nimmt sie ein? Und vor allem: Was macht sie eigentlich, außer einfach neben uns zu stehen? Nicht viel, meistens…

Wir akzeptieren die Angst als unsere Begleiterin, aber wir lassen uns durch sie nicht behindern. Das heißt praktisch: Wir tun das, wovor wir Angst haben, trotzdem. *Wir tun es mit Angst, aber wir tun es.*

Dies betrifft vor allem die vielen zwischenmenschlichen Situationen, in denen wir uns nicht trauen, etwas zu sagen oder zu tun, nicht zu unserer Meinung stehen, uns nach außen anders geben, als wir drinnen fühlen, uns selbst untreu werden, um andere nicht zu verletzen oder ihre Wertschätzung nicht zu verlieren, und viele mehr.

Mut machende Argumente

Es gibt, je nach Situation, eine ganze Reihe an Argumenten, mit denen du dir selbst Mut zusprechen kannst:

→ Zum «gesunden» Egoismus und dem Recht auf das eigene Leben siehe Schritte 21 und 22, Seite 119 ff.

• Ich bin kein →Egoist, wenn ich mein Leben lebe und mich nicht in Rollen drängen lasse, wenn ich die Entscheidungen für mich treffe und meinen Weg gehe. Jeder Mensch hat das Recht, ja die Pflicht dazu. Und vor allem bin ich nicht für die Empfindungen und Reaktionen der anderen verantwortlich, egal, was ich sage und tue.

• Wenn jemand mich nicht mehr mag, nicht mehr liebt, bloß weil ich es wage, ich selbst zu sein, so habe ich an dieser Person nicht viel verloren. Denn Menschen, die mich nur mögen, wenn ich nett, großzügig, hilfsbereit bin, ihnen nicht widerspreche, mich ihrem Willen füge, will ich nicht mehr um mich haben. Es wäre entwürdigend für mich.

• Ich kann es ihm/ihr/den anderen so oder so nicht immer recht machen: Also tue ich, was *ich* für richtig halte, und mache es dadurch wenigstens mir selbst recht.

• Ich vertraue darauf, dass mich meine Seele (meine →Seelenstimme) immer das Richtige tun lässt – selbst wenn es nicht so scheint, selbst wenn Mitmenschen es anders beurteilen. Ich glaube fest daran, dass alles so kommt, wie es für alle Beteiligten gut ist.

→ Mehr über dieSeelenstimme folgt dann in Schritt 10; davor solltest du dich aber unbedingt noch mit Schritt 2 beschäftigen.

• Niemand ist fehlerlos. Auch mir kann es passieren, dass ich jemandem wehtue, etwas Dummes sage oder mache, in einer Situation versage, mich der Kritik aussetze, ...

Lieber bin ich mutig und mache etwas «falsch», als dass ich aus Angst davor nicht handle und im alten Trott weiterfahre. Ich kann mich ja für meine «Fehler» entschuldigen – auch das ist ein Beweis für Mut und Stärke.

Die Übungsaufgabe

Mut kommt nicht von selbst, es nützt nichts, einfach darauf zu warten. Unsere Ängste werden wir nur los, indem wir uns über sie hinwegsetzen. Wie auf der vorangehenden Seite erklärt: dadurch dass wir das, wovor wir uns fürchten, trotzdem tun. Und zwar immer und immer wieder. Mit jedem Mal wird die Angst kleiner, bis sie eines Tages vollständig verschwunden und uns die neue Handlungsweise ganz selbstverständlich geworden ist.

• Wähle jetzt also eine →Verhaltensweise, bei der die Angst dich jeweils bremst und zurückhält, sodass du nicht das tust, was du eigentlich möchtest. Nur eine einzige Verhaltensweise, arbeite nicht gleichzeitig an mehreren!

→ Siehe Anleitung auf Seite 13.

Ich →liste hier nur einige beispielhaft auf:

– Ich traue mich nicht, Nein zu sagen, wenn jemand mich um einen Gefallen bittet, obwohl ich es nicht tun möchte.

– Um keine Konflikte heraufzubeschwören, schweige ich bei Meinungsverschiedenheiten oder gebe nach, obwohl ich davon überzeugt bin, im Recht zu sein.

– Ich lehne angebotene Hilfe ab oder bitte nicht darum, da ich andere nicht belästigen will oder eine Absage fürchte.

→ Eine umfassendere Liste solcher Verhaltensweisen findet sich in meinem Buch «Ich liebe mich selbst und mache mich glücklich»; Info dazu auf Seite 152.

– Ich traue mich nicht, eine berechtigte Reklamation vorzubringen, etwa wenn das Essen im Restaurant schlecht, eine
Warenlieferung mangelhaft ist, ...

– Ich traue mich nicht, jemanden darauf hinzuweisen, dass
er mich mit einer Äußerung verletzt hat, seine Handlungsweise mir nicht guttut.

– Ich scheue mich, etwas zu fragen oder anzumerken, weil
ich nicht etwas Dummes sagen will.

Du weißt selbst am besten, wann die Angst dich daran
hindert, du selbst zu sein und das zu tun, was du in Wirklichkeit möchtest. Entscheide dich jetzt also für eine deiner
von Angst geprägten Verhaltensweisen.

• Erinnere dich dann an Erlebtes in entsprechenden Situationen und spiel es in Gedanken kurz durch: Wie habe ich
mich verhalten? Wie hätte ich mich gern verhalten?

• Von nun an setzt du dich bei der gewählten Verhaltensweise *bewusst und willentlich* über deine Angst hinweg und
handelst so, wie du es wirklich willst.

• Um die Achtsamkeit für die betreffenden Situationen zu
schärfen, also um sie rechtzeitig wahrzunehmen, wenn sie
auftreten, holst du dir jeden Morgen diese Aufgabe kurz ins
Bewusstsein, indem du den auf der nächsten Seite notierten
Vorsatz liest und dir mit Überzeugung vornimmst, die Angst
zu überwinden und das zu tun, was du als richtig spürst.
Und dann tust du es. Mit Angst, mit Beklemmung, mit
Herzklopfen, mit zittrigen Händen oder wackligen Knien –
aber du tust es!

• Wenn es dir nicht jedes Mal gelingt, wenn du am Anfang
oder auch später einmal schwach bist, mach dir keine Vorwürfe, fühle dich deswegen nicht schlecht und unfähig. Es
reicht nicht, etwas zu wollen. Unser Unbewusstes stellt sich
uns immer wieder in den Weg; es erfordert Zeit und wieder-
holtes Üben, bis wir es schaffen, das ist menschlich und völlig normal.

Arbeitsblatt zum 1. Schritt

Der tragende Gedanke
Will ich mich verändern, ist Mut unerlässlich. Ich akzeptiere meine
Angst, lasse mich aber von ihr nicht behindern. Ich baue meinen
Mut auf, indem ich die Angst immer wieder übergehe.

Ein weises Wort
Nur das Unbekannte ängstigt den Menschen. Sobald man ihm die
Stirn bietet, ist es schon kein Unbekanntes mehr.
Antoine de Saint-Exupéry

Affirmationen
• Ich habe den Mut, jede Situation anzugehen •
• Ich handle stets, wie ich es wirklich will •
• Ich freue mich auf neue Erfahrungen •

Zum Umgang
mit Affirmationen
findest du eine
detaillierte Anlei-
tung auf Seite 16.

Mein Vorsatz für diese Aufgabe
Notiere möglichst konkret und präzise, wie die gestellte Aufgabe
für dich persönlich aussieht.

An diesem 2. Schritt solltest du unbedingt vor dem Schritt 10 zur Seelenstimme arbeiten.

Schritt 2: Vertraue dir selbst.

Im vorangehenden Schritt war der Mut das Thema. Ein tragendes Element des Mutes ist das Selbstvertrauen. Nahe liegend, denn wer sich selbst einiges zutraut, findet auch eher den Mut, etwas mit ungewissem Ausgang zu wagen.

Abgesehen von einem ersten «Paket» an Selbstvertrauen, das uns in der Kindheit von den Bezugspersonen (Eltern, Lehrer und weitere) mit auf den Weg gegeben wird, erhöht oder vermindert es sich im Lauf des Lebens fortwährend aufgrund unserer Erfolge oder Misserfolge. Wir glauben an uns selbst in dem Maße, wie wir gute berufliche Leistungen erbringen und mit unserem Privatleben zufrieden sind.

Wie schwankend das Selbstvertrauen tatsächlich ist, erkennen wir beispielsweise bei Spitzensportlern: Läuft es für sie eine Weile gut, so siegen sie auch weiterhin. Umgekehrt, wenn sie eine Zeit lang keine Podestplätze erreichen, ist die Gefahr groß, dass sie immer weiter in die Erfolglosigkeit abgleiten, nicht weil sie weniger leistungsfähig sind, sondern weil sie sich die Siege nicht mehr zutrauen. Ähnliches beobachten wir bei Menschen, die arbeitslos oder vom Partner verlassen werden.

Selbstvertrauen = sich selbst vertrauen
Du denkst jetzt vielleicht: «Ja, so ist es tatsächlich. Aber wie könnte es auch anders sein? Wie soll ich mir vertrauen, wenn mir die Ereignisse beweisen, dass ich falsche Entscheidungen treffe und versage?»

Dann frage ich dich: Worauf willst du dich denn sonst verlassen, wenn nicht auf dich selbst? Auf unberechenbare äußere Umstände? Auf das Urteil, die Entscheidungen oder Handlungen anderer Menschen, die ebenso unvollkommen sind wie du?

Es gibt in der Tat keine andere Möglichkeit, als dir selbst zu vertrauen, denn:

• Du trägst die Verantwortung für alles, was du tust, und die Konsequenzen. Niemand kann dir das abnehmen. Und niemand vermag in die Zukunft zu sehen und dir zu garantieren, dass Entscheidungen, egal von wem sie getroffen werden, und die daraus resultierenden Taten zu *bestimmten* Ergebnissen führen, zu den Ergebnissen, die du dir erhoffst, gar geplant hast.

- Natürlich machst du Fehler und triffst Entscheidungen, die du im Nachhinein als «falsch» erkennst. Wer nicht? Wir alle sind nicht vollkommen. Das ganze Leben ist doch ein Trial-and-Error-Prozess: Wir versuchen etwas und an den Folgen sehen wir dann, ob unser Versuch richtig oder falsch war; daraus lernen wir und entscheiden das nächste Mal entsprechend. Das nennt sich Lebensschule! Und ich zitiere gern wieder einmal einen meiner Lieblingssprüche: *Es gibt keine Fehler, es gibt nur Erfahrungen.*
- Die Wahrheit, das Allwissen, ist in unserer Seele. Wir haben daran teil, sofern wir nicht an unserer Intuition zweifeln und alles durch den unvollkommenen Verstand abzusichern versuchen.

Ich sehe keine Alternative. Denn ob du dir vertraust oder nicht, du weißt nie, was dabei herauskommt. Das Gleiche gilt, wenn du anderen vertraust: Auch dann erfährst du erst *nach* der Entscheidung oder Tat, welche Folgen tatsächlich daraus entstehen. Die nachträglichen Mutmaßungen («Hätte ich ..., wäre vielleicht ...») sind überflüssig und sinnlos – die Komplexität der Ursachen und Wirkungen verunmöglicht es, auch nur vage darüber zu spekulieren. Folglich, da es *dein* Leben ist, entscheide lieber selbst und steh dazu.

Zudem besitzen wir alle einen unfehlbaren Helfer: unsere Seelenstimme. Darüber mehr später, bitte greif nicht vor. Widme dich zuerst der Aufgabe von Schritt 2 ohne nähere Kenntnisse über die Art und Weise, wie die Seelenstimme uns lenkt. Vertraue vorerst einfach dir selbst, dem, was du als richtig spürst. Und hab den Mut dazu – wie du im vorangehenden Schritt gelernt hast.

Die Übungsaufgabe
Es geht bei dieser Aufgabe darum, dir selbst bedingungslos zu vertrauen und niemals an dir zu zweifeln.
- Du verzichtest vollkommen darauf, dir bei Entscheidungen Rat bei anderen zu holen. Außer natürlich fachlichen Rat: Wenn du beispielsweise nicht weißt, ob du die Sträu-

cher in deinem Garten im Januar oder im März schneiden musst, dann frag ruhig einen Gärtner.

Ob du hingegen diesen oder jenen Job annimmst, dahin oder dorthin in die Ferien fährst, dabei vertraust du einzig auf deine Intuition. Ich könnte auch sagen: Du entscheidest dich für das, *was du möchtest*. Zuweilen trauen wir nämlich schlicht unseren Wünschen nicht – warum eigentlich?

• Du bemühst dich darum, sogenannte «Fehler», sei es bei Entscheidungen als auch bei Taten, nicht als *Versagen* zu empfinden. Sag dir immer wieder, dass du, wie wir alle, das Recht hast auszuprobieren und dadurch auch nicht immer alles perfekt machst. Fehler, selbst «dumme» und wiederholte, haben nichts damit zu tun, ob du dir vertrauen darfst oder nicht. Im Gegenteil: Wer mehr wagt, macht nun einmal auch mehr Fehler. Oder umgekehrt ausgedrückt: Fehlerlos ist nur, wer gar nichts tut.

→ Unsere Machtlosigkeit gegenüber dem Schicksal erläutere ich in meinem Buch «Karma Yoga»; Info auf Seite 152.

• Erinnere dich selbst von Zeit zu Zeit daran, dass weder du noch andere jemals garantieren können, dass die Folgen von Entscheidungen und Handlungen so ausfallen wie geplant oder erhofft. Das Leben, das →Schicksal, das Göttliche, wie du es auch nennen willst, richtet sich nicht nach unseren Wünschen, Entscheidungen, Vorstellungen, nicht einmal nach unserem «korrekten» oder «falschen» Handeln. Vielmehr gibt und nimmt es uns willkürlich, manchmal sogar scheinbar ungerecht – beschenkt uns aber ebenso oft unverdient und unerwartet. Verzichte deshalb auf →Schuldzuweisungen, dir selbst und anderen gegenüber.

→ Die Schuldzuweisungen behandle ich in Schritt 7, Seite 49 ff.

Arbeitsblatt zum 2. Schritt

Der tragende Gedanke
Niemand ist vollkommen, alle machen Fehler. Deshalb vertraue ich lieber mir selbst und entscheide und handle, wie ich es für richtig halte.

Ein weises Wort
Zwei Dinge verleihen der Seele am meisten Kraft: Vertrauen auf die Wahrheit und Vertrauen in sich selbst.
Seneca

Affirmationen
• Ich vertraue mir selbst bei allen Entscheidungen •
• Ich entscheide und handle mit Zuversicht •
• Ich trage gern die Verantwortung für mein Leben •

Zum Umgang mit Affirmationen findest du eine detaillierte Anleitung auf Seite 16.

Mein Vorsatz für diese Aufgabe
Notiere möglichst konkret und präzise, wie die gestellte Aufgabe für dich persönlich aussieht.

_____

_____

_____

_____

_____

_____

_____

_____

_____

_____

_____

_____

_____

Schritt 3: Erkenne und verwandle Verhaltensmuster.

Als Kinder lernen wir, dass wir Anerkennung, Wohlwollen und Liebe bekommen, wenn wir uns in der Weise verhalten, wie die Autoritätspersonen es von uns erwarten und fordern. Unsere Erziehung zielt oft nicht darauf ab, uns zu eigenständigen, selbstbestimmten Menschen auszubilden, und lässt nicht zu, dass wir unsere wahre Natur, unsere Seele ausleben. Vielmehr lernen wir, die Verbote zu beachten und den Geboten zu folgen, die man uns explizit und implizit auferlegt.

Die einen Normen und Regeln übernehmen wir als Kinder scheinbar freiwillig, indem wir Vorbilder beobachten und nachahmen (Eltern, Großeltern, Geschwister, weitere Familienmitglieder, auch Lehrer und andere). In ihnen sehen wir nämlich die Instanzen, die wissen und darüber bestimmen, was richtig und was falsch ist. Diese Glaubenssätze betrachten wir später als unsere eigenen, selbst wenn sie unseren Anlagen widersprechen.

Mit anderen Geboten und Verboten werden wir hingegen «programmiert»: Unsere Bezugspersonen fordern uns immer und immer wieder dazu auf, dieses zu tun und jenes zu lassen. Dabei zwingen sie uns auch ihr Wertesystem auf, was gut oder schlecht sei, in Form der vielen «Du musst, du sollst, das macht man so» und «Das darfst du nicht, das gehört sich nicht, das macht man nicht».

Die Einhaltung dieser Vorschriften setzen sie mittels Belohnung und Bestrafung durch, wobei eine Strafe bereits in der Zurückweisung bestehen kann, worunter ein Kind ja stark leidet und die es zu vermeiden versucht.

So ist es nicht verwunderlich, dass wir uns auch später als Erwachsene den Eltern, dem Partner, dem Chef, Kollegen, Freunden und anderen Menschen, sogar den eigenen Kindern gegenüber oft so verhalten, wie wir glauben, sie wünschten es – damit wir ihnen gefallen, ihre Liebe gewinnen oder nicht verlieren und uns angenommen fühlen.

Diese Verhaltensweisen werden zuweilen zum Automatismus, den wir nicht mehr hinterfragen und kaum ausschalten können: In manchen Situationen, beispielsweise sobald jemand etwas von uns verlangt – sogar schon wenn wir seine Erwartungen nur zu spüren meinen –, läuft bei uns eine unmittelbare und unwillkürliche Reaktion ab, der kein Gedanke und keine Entscheidung vorausgehen. Wir können es mit einer Vinylschallplatte vergleichen, bei welcher die Nadel, einmal aufgesetzt, gezwungenermaßen von einer Rille zur nächsten wandert.

Doch die Widersprüchlichkeit zwischen dem, was unsere Seele will, und unserem programmierten Verhalten tut uns nicht gut und macht uns auf die Dauer so unglücklich, dass sie gar Depressionen und Burn-out zur Folge haben kann. →Erich Seifritz, Direktor der Klinik für affektive Krankheiten und Allgemeinpsychiatrie (Psychiatrische Universitätsklinik Zürich) formulierte es anlässlich einer Podiumsdiskussion zum Thema Burn-out treffend: «Wenn die Diskrepanz zwischen dem, was man macht, und dem, was man gern machen würde, zu groß ist, führt das zu Stress.»

→ Quelle: Artikel «Burn-out» von Andrea Falcón in der Zürichsee-Zeitung vom 19. März 2009.

Mögliche Verhaltensmuster bei mangelnder Selbstliebe
Es ist für unser Wohlbefinden also extrem wichtig, dass wir selbstbestimmt handeln und nicht länger Verhaltensmustern unterworfen bleiben, die auf kindlichen Prägungen beruhen.

In den Schritten 15 und 16 wirst du dich dann eingehender mit den in dir programmierten Glaubenssätzen, mit deinem inneren Gesetzbuch beschäftigen. Greif bitte nicht vor, im vorliegenden Schritt geht es nämlich erst einmal nur um die Veränderung jener automatischen Reaktionen, die darauf gründen, dass wir von den Mitmenschen positiv bewertet und geliebt werden wollen. Übrigens: Solche Verhaltensmuster ziehen sich zuweilen über mehrere Generationen, sie werden von der Mutter oder dem Vater jeweils an die Kinder weitergegeben, bis endlich jemand die Einsicht und den Mut findet, sie zu durchbrechen. Vielleicht erinnerst du dich an Muster deiner Großeltern und Eltern und beobachtest sie auch bei dir selbst, hoffentlich aber nicht bereits bei deinen Kindern. Leg sie jetzt ab, damit du die Vererbungslinie unterbrichst und sie nicht an deine Nachkommen weitergibst.

Nachfolgend führe ich einige Beispiele typischer Verhaltensmuster auf, die automatisch, also unwillkürlich und unmittelbar ablaufen:

• Wenn jemand uns auf einen Fehler hinweist oder ihn uns vorwirft: den Fehler bestreiten, verharmlosen oder andere dafür verantwortlich machen;

→ Zu Schuld-
zuweisungen
siehe Schritt 7,
Seite 49 ff.

• immer gleich einen →Schuldigen suchen und benennen, sobald etwas nicht so läuft, wie wir es wollten;

• auf berechtigte Kritik abwehrend, abweisend, eventuell sogar aggressiv reagieren;

• in peinlichen Situationen augenblicklich davon ablenken oder sie zu vertuschen versuchen;

• wenn wir etwas nicht können/wissen oder etwas Unrichtiges gesagt haben: uns herausreden, Gesagtes verdrehen;

• bei Aussagen anderer Menschen: sie berichtigen oder jeweils noch etwas hinzufügen;

• unsere Meinungen oder Taten unmittelbar begründen und rechtfertigen, selbst wenn wir nicht dazu aufgefordert werden, oder sie relativieren, abschwächen;

• im Gespräch mit Menschen, deren Urteil oder Anerkennung uns wichtig ist: übertreiben, beschönigen, →lügen;

→ Zum Lügen
siehe Schritt 17,
Seite 98 ff.

• eine Bitte um Hilfe nie abschlagen, immer bereitwillig Ja sagen, obwohl wir es in Wirklichkeit gar nicht möchten;

→ Zum Lob siehe
Schritt 8,
Seite 53 ff.

• →Lob, Komplimente abtun, das eigene Licht unter den Scheffel stellen, Geschenke als «nicht nötig» bezeichnen;

• auf Fragen nach unserem Befinden mit «Gut» und einem Lächeln antworten, selbst wenn es nicht zutrifft;

• Hilfsangebote vorschnell ablehnen, ohne zu erwägen, ob wir Unterstützung brauchen oder nicht;

• wenn wir verbal angegriffen werden: augenblicklich zurückweichen, beschwichtigen, nachgeben, selbst wenn der andere im Unrecht ist.

Die Übungsaufgabe

Du kennst deine eigenen Verhaltensmuster selbst am besten und arbeitest nun daran, eines davon (ein einziges!) abzulegen. Wähle eines, das dir besonders missfällt und/oder dich belastet.

Was du bestimmt auch schon festgestellt hast: Die bloße Erkenntnis und der entsprechende Entschluss führen nicht zur gewünschten Änderung. Bevor wir es richtig merken, verhalten wir uns nämlich schon in der ungewollten Weise. Die größte Schwierigkeit liegt tatsächlich darin, es rechtzeitig wahrzunehmen, also bevor die Musterreaktion einsetzt. Meistens merken wir es erst im Nachhinein, wenn überhaupt. Es ist nicht leicht, ständig wachsam auf die betreffende Situation zu lauern.

Einfacher ist es, auf der körperlichen Ebene etwas zu spüren. Diese Tatsache machst du dir zunutze und programmierst dich nach folgendem Vorgehen:

• Du entspannst dich, lässt dich in eine Art meditativen Zustand fallen und gehst in Gedanken eine Situation durch, in der du dich nach diesem Muster verhalten hast.

• Dabei achtest du darauf, welche Körperempfindung in diesem Moment auftritt und wo genau im Körper; nimm es wahr, geh bewusst in sie hinein und präge sie dir ein.

• Denk dir eine kleine, unauffällige Bewegung aus, die du in Zukunft als «Notfallmaßnahme» zum Durchbrechen des Musters einsetzen willst, beispielsweise die Hände falten, mit dem Zeigefinger das Kinn berühren, einen Fuß vom Boden heben oder eine andere Geste, und merke sie dir.

Gerätst du nun irgendwann in eine Situation, in der dieses Muster ablaufen will, so spürst du die entsprechende Körperempfindung als Warnung; das ist vergleichbar mit dem plötzlichen Aufleuchten einer Alarmleuchte im Auto. So hast du die Chance, rechtzeitig einzugreifen und den Automatismus aufzuhalten.

Bevor du etwas sagst oder tust, führst du sofort die gewählte kleine Bewegung aus; dadurch versetzt du dich auf die *bewusste Ebene*. Auf dieser besteht, anders als auf der unbewussten des Musters, die Möglichkeit, willentlich über dein Verhalten zu entscheiden und nicht dem Automatismus zu unterliegen. Du handelst daraufhin so, wie du es tatsächlich willst.

Dennoch: Nicht jedes Mal, vor allem nicht bei den ersten Versuchen, wirst du es früh genug erkennen. Selbst wenn, wird es dir nicht jedes Mal gelingen, die automatische Reaktion zu unterdrücken und dich anders zu verhalten. Darüber darfst du dich nicht ärgern, nicht tadeln, sondern den

Vorsatz mit aller Bestimmtheit und Klarheit nochmals fassen: «Beim nächsten Mal versuche ich es erneut!»

Vor allem lass dich nicht entmutigen. Du kannst *jedes* Muster beseitigen. Aber wenn du bedenkst, wie lange du es schon unbewusst praktiziert hast, leuchtet es dir ein, dass es nicht über Nacht verschwinden kann. Das Einüben eines neuen Verhaltens wird nicht ebenso viel Zeit erfordern, aber ein bisschen Geduld und Durchhaltewillen brauchst du schon.

Sag dir deshalb immer wieder, dass das Muster in dir eingraviert ist wie auf einer Schallplatte: Die Nadel gelangt von einer Rille zur nächsten. Doch irgendwann sind diese Rillen alle abgespielt, irgendwann hast du ausreichend geübt. Oft geschieht das unbemerkt: Erst nach einer Weile, es mögen Wochen oder gar Monate vergangen sein, wird dir plötzlich auffallen, dass du dich schon länger nicht mehr auf diese bestimmte Art verhalten hast.

Dieses eine Muster hast du also erfolgreich abgelegt. Nun darfst du dich in gleicher Weise dem nächsten widmen.

Arbeitsblatt zum 3. Schritt

Der tragende Gedanke
Verhaltensmuster hindern mich daran, selbstbestimmt zu handeln.
Ich übe mich darin, sie auf der körperlichen Ebene wahrzunehmen
und sie nach und nach abzulegen.

Ein weises Wort
Achte auf deine Handlungen, denn sie werden Gewohnheiten.
Achte auf deine Gewohnheiten, denn sie werden dein Charakter.
Aus dem Talmud

Affirmationen
• Ich handle stets bewusst und selbstbestimmt •
• In jeder Situation bin ich achtsam und reagiere willentlich •
• Ich schaffe es, mich zu ändern •

Zum Umgang
mit Affirmationen
findest du eine
detaillierte Anlei-
tung auf Seite 16.

Mein Vorsatz für diese Aufgabe
Notiere möglichst konkret und präzise, wie die gestellte Aufgabe
für dich persönlich aussieht.

Schritt 4: Befreie dich aus der Abhängigkeit.

Jeder Mensch braucht Liebe. Wenn ich selbst mich nicht liebe, muss ich mich «lieben lassen»; dadurch mache ich mich von anderen abhängig.

Diese grundlegende Erkenntnis hört sich in deinen Ohren möglicherweise wie ein banaler Kalenderspruch an und du denkst vielleicht: «Das ist nichts Neues, diese Weisheit kenne ich doch schon.» Kennen ja, aber ziehst du auch die Konsequenzen daraus?

Ich sagte manchmal über mich: «Es geht auf keine Kuhhaut, was ich in meinen jungen Jahren alles getan habe, um ein bisschen Liebe zu bekommen.» Bitter und schmerzhaft brach die →Erkenntnis über meine mangelnde Selbstliebe erstmals über mich herein, als ich schon fast 40 war.

→ Über diese Erkenntnis erzähle ich in der Einleitung zu meinem Buch «Ich liebe mich selbst und mache mich glücklich»; Info auf Seite 152.

In der Tat, was tun wir nicht alles, um geliebt zu werden! Wir gehen faule Kompromisse ein, werden uns selbst untreu, tun, was nicht unserer Natur entspricht, schrecken im schlimmsten Fall nicht einmal vor Lüge und Verrat zurück, betrügen unseren Partner, weil uns *eine* Liebe nicht genügt und wir immer wieder eine neue Bestätigung suchen. Unsere Sehnsucht, ja Sucht nach Liebe tut uns gar nicht gut. Wir fühlen uns dabei erniedrigt, würdelos, zuweilen frustriert, unzufrieden, entmutigt, verbittert oder deprimiert, manchmal bloß unterschwellig und ohne genau zu wissen, weshalb und was wir dagegen unternehmen könnten. Und was ebenso tragisch ist: Dieses Verlangen nach Liebe ist unstillbar. Einzig unsere Selbstliebe kann es befriedigen.

→ Zur Verlustangst siehe Schritt 20, Seite 113 ff.

Zudem geht es mit →Verlustangst einher, ein Leiden ohne Ende: Wir leben in der ständigen Angst, die Menschen, von deren Liebe wir abhängig sind, könnten schlecht von uns denken, unzufrieden mit uns sein, uns nicht mehr mögen, uns verlassen. Dies wiederum führt dazu, dass wir uns verhalten, wie es von uns erwartet oder gefordert wird – auch wenn wir es in Wahrheit nicht wollen.

All das trifft natürlich nicht nur auf die Sehnsucht nach Liebe im engeren Sinn zu, sondern gilt auch für das Bedürfnis nach Anerkennung, Angenommensein, Wertschätzung.

Unser Mangel an Selbstliebe betrifft deshalb viele Alltags-
situationen mit den unterschiedlichsten Menschen:
- Wir trauen uns nicht, dem Chef zu sagen, dass wir wegen
einer Verabredung keine Überstunden machen können.
- Den neuen Pullover mit der beschädigten Stelle tauschen
wir nicht um, weil wir den Konflikt mit der unfreundlichen
Verkäuferin scheuen.
- Entdecken wir, dass eine gute Freundin uns belogen hat,
wagen wir es nicht, sie zur Rede zu stellen.
- Dem Vater, um dessen Zuwendung wir schon ein Leben
lang kämpfen, wollen wir es in jeder erdenklichen Weise
recht machen, obwohl er uns tyrannisiert und respektlos
behandelt.

Aber auch:
- Wir vertuschen einen Fehler, um in den Augen der Kolle-
gen nicht schlecht dazustehen.
- Anstatt eine Einladung freundlich abzulehnen, ohne ei-
nen Grund zu nennen, bringen wir eine Ausrede vor.
- Eine →Lüge kommt uns leicht über die Lippen, um eine
Verspätung zu rechtfertigen.

→ Zur Lüge
siehe Schritt 17,
Seite 98 ff.

- Weil wir befürchten, die Anerkennung eines Freundes zu
verlieren, schließen wir uns ihm in einer Unternehmung
an, die wir nicht gutheißen.

Ich glaube, jeder von uns kann unzählige Beispiele aus seinem Leben nennen. Und erinnert sich, wie er sich dabei
nicht gut fühlte, etwas in ihm nagte, eine Stimme, die ihm
vorwarf, er sei feige, charakterlos. Was zu Selbstvorwürfen
und Schuldgefühlen führte.

Liebesbedürfnis und Abhängigkeit – ein Teufelskreis?

Das Ablegen unserer →Abhängigkeit von der Liebe anderer
(und von deren Beurteilung, Anerkennung, Wertschätzung)
ist eine wichtige Aufgabe auf unserem Weg zu einem stärkeren Selbstwertgefühl und mehr Selbstliebe.

→ Weitere Auf-
gaben gegen die
Abhängigkeit fol-
gen dann in den
Schritten 19 und
20; bitte greife
aber nicht vor.

Allerdings könnte man es als einen schwer zu durchbre-
chenden Teufelskreis sehen: Weil ich mich nicht selbst liebe, bin ich abhängig von fremder Liebe, und wegen dieser
Abhängigkeit verachte ich mich und kann mich selbst nicht

lieben. Worauf ich noch abhängiger werde und mich noch wertloser fühle...

Nein, es ist kein Teufelskreis! Wir schaffen es, ihn zu verlassen. Natürlich ist es nicht damit getan, dass wir uns einfach einreden: «Jetzt liebe ich mich selbst und bin unabhängig.» Uns solche Sätze wiederholt vorzusagen, ist nützlich als eine Form der →Autosuggestion und unterstützt unsere Bemühungen. Doch eine echte, nachhaltige Wandlung findet nur durch Taten statt, indem wir unser Verhalten gegenüber den Mitmenschen ändern. Präziser ausgedrückt: bestimmte Muster erkennen und ablegen, wie du es bereits im Schritt 3 gelernt hast. Und manchmal müssen wir dabei über den eigenen Schatten springen.

→ Die Wirkung der Autosuggestion erläutere ich in meinem Buch «Ich liebe mich selbst und mache mich glücklich»; siehe Info auf Seite 152.

Die Übungsaufgabe

Es gibt eine ganze Menge Verhaltensweisen, die unsere Abhängigkeit von der Liebe anderer verraten; einige habe ich bereits beispielhaft in den vorangehenden Schritten erwähnt.

Für diese Übung konzentrierst du dich allerdings nicht wie sonst auf eine bestimmte Situation und Verhaltensweise, sondern auf *einen bestimmten Menschen*.

• Deshalb wählst du jetzt jemanden aus deinem Umfeld, den du zwar schätzt, aber nicht über alles liebst, und mit dem du regelmäßig zu tun hast. Es sollte sich um eine Person handeln, bei der du beispielsweise

– dich manchmal nicht traust, gewisse Dinge zu äußern,
– oder Angst hast, sie zu verletzen,
– oder dich gehemmt oder blockiert fühlst,
– oder Mühe hast, dich abzugrenzen,
– oder deren Urteil du fürchtest,
– oder Ähnliches.

• Von nun an sagst du diesem Menschen immer, was dir gerade auf die Zungenspitze kommt, teilst ihm mit, was du möchtest und was nicht, bremst dich nicht und hältst dich nicht zurück, kurz: Du bist ungezwungen und aufrichtig.

• Du nimmst dir das jetzt gleich vor. Sag dir selbst: «Mit X bin ich ab sofort spontan und offen, ich halte mich nicht zurück und kontrolliere mich nicht. Ich fürchte ihr/sein Urteil nicht. Es wird nichts passieren, ich habe gar nichts zu verlieren. Ich bin ich selbst, in jedem Augenblick, und so wie ich bin, ist es richtig.» Diesen oder einen ähnlichen Leitsatz rezitierst du jeden Morgen vor dem Spiegel und blickst dir dabei gerade und entschlossen in die Augen.

• Dann, jedes Mal wenn du X begegnest, erinnerst du dich selbst in Gedanken kurz daran – und verhältst dich tatsächlich offen und spontan, ohne zu hinterfragen, was diese Person von dir halten mag, und ohne Konsequenzen zu fürchten. Dazu ist →Mut erforderlich, das ist klar. Aber den besitzt du, in deiner Seele, du musst ihn bloß zulassen.

→ Das erste Kapitel über den Mut hilft dir dabei, siehe Seite 17 ff.

• Mut brauchst du vor allem, um es *ein erstes Mal* zu tun. Wahrscheinlich gelingt es dir nicht auf Anhieb und du benötigst mehrere Anläufe. Das ist normal, es soll dich nicht verunsichern und entmutigen. Es geht uns allen so. Erkennst du, dass du dich gebremst hast oder blockiert warst, so ärgerst du dich nicht über dich, hältst dich nicht für feige und unfähig. Sondern wiederholst dir nur innerlich deinen Motivationsspruch und fügst hinzu: «Bei der nächsten Gelegenheit versuche ich es erneut. Irgendwann schaffe ich es.»

• Finde eine für dich geeignete Methode, um deine Angst oder Blockade zu überlisten, etwa indem du bis drei zählst und dann losredest – so habe ich es jeweils gemacht, oft mit Erfolg – oder andere Tricks einsetzt. Lass nicht zu, dass negative Gedanken dich daran hindern; versuche, gar nicht zu denken. Tu es einfach. Tu es mit Angst, aber tu es.

• Deine Verlustangst bekämpfst du am besten, wenn du dir sagst: «Ich habe nichts zu befürchten. Für jeden sogenannten Freund, den ich verliere, werde ich einen neuen, wahren Freund finden.» So ist es tatsächlich, das kann ich dir aus eigener Erfahrung versichern.

• Bist du bereits in ein altes Muster gefallen (du hast beispielsweise Ja gesagt, obwohl es in dir drinnen Nein meinte): Widerrufe und berichtige deine Aussage. Unmittelbar oder auch erst nach einer Stunde oder einem Tag oder noch später. Wir haben das →Recht, unsere Meinung jederzeit zu ändern. Auch bist du niemandem Rechenschaft schuldig und brauchst deine Aussagen nicht zu erklären und schon gar nicht zu begründen. Sag einfach: «Ich will es so, das ist meine Meinung/meine Entscheidung.» Punkt.

→ Eine praktische Übung dazu folgt in Schritt 22, Seite 128 f.

Hast du es *ein Mal* geschafft, gelingt es dir auch ein weiteres Mal und immer wieder. Zwischendurch aber bestimmt auch einmal nicht. Wir sind nicht alle Tage gleich stark und mutig. Akzeptiere und liebe dich auch in solchen Situationen, wie du gerade bist. Wir alle fallen immer wieder einmal in alte Verhaltensweisen; mitunter passiert es noch nach Jahren, obwohl wir dachten, ein Muster endgültig abgelegt zu haben.

Mach dir vor allem keine Vorwürfe, sei stets geduldig und nachsichtig mit dir und →*verzeih dir alles.* Wirklich alles. Aber bleib dran.

→ Die Selbstvergebung ist das Thema von Schritt 7, Seite 49 ff.

Du wirst entdecken, dass in der Regel nichts Schlimmes geschieht. Vielleicht spürst du im Gegenteil Erstaunen oder sogar Bewunderung seitens deines Gegenübers, weil du den Mut bewiesen hast, du selbst zu sein.

Sollte es dennoch einmal zu einem Konflikt kommen, weiche nicht zurück, steh zu dir. Vertraue darauf, dass sich am Ende alles so wendet, wie es für dich gut ist. Und du darfst stolz auf dich sein, dass du dir selbst treu geblieben bist – die Freude über dein neues Selbstbewusstsein wird dich in jeder Lage tragen.

Arbeitsblatt zum 4. Schritt

Der tragende Gedanke
Ich bin nicht abhängig von der Liebe anderer Menschen und über-
winde die Angst, deren Zuneigung, Anerkennung und Zuwendung
zu verlieren.

Ein weises Wort
Es ist besser, gehasst zu werden für das, was man ist, als geliebt zu
werden für das, was man nicht ist.
André Gide

Affirmationen
• Ich fühle mich frei und unabhängig •
• Ich habe jetzt den Mut, ganz ich selbst zu sein •
• Ich bin spontan und aufrichtig •

Zum Umgang
mit Affirmationen
findest du eine
detaillierte Anlei-
tung auf Seite 16.

Mein Vorsatz für diese Aufgabe
Notiere möglichst konkret und präzise, wie die gestellte Aufgabe
für dich persönlich aussieht.

Schritt 5: Verändere deine äußere Erscheinung.

→ Die Wechselwirkung zwischen Körper und Geist habe ich ausführlicher erläutert in meinem Buch «Ich liebe mich selbst und mache mich glücklich»; Info auf Seite 152.

Im dritten Kapitel habe ich bereits eine Methode vorgestellt, wie wir das Körpergedächtnis nutzen können, um Verhaltensmuster achtsamer wahrzunehmen. Die →Wechselwirkung zwischen Körper und Geist geht jedoch wesentlich weiter.

Der Körper widerspiegelt unser Denken und Fühlen. Wie Albert Schweitzer sagte: «Mit 20 hat jeder das Gesicht, das Gott ihm gegeben hat, mit 40 das Gesicht, das ihm das Leben gegeben hat, und mit 60 das Gesicht, das er verdient.»

Im Körper ist nicht so sehr gespeichert, *was* wir erlebt haben, sondern *wie* wir damit *umgegangen* sind. Es gibt Menschen, die mehrere schwere Schicksalsschläge erfahren mussten und deren Gesicht dennoch einen heiteren, offenen, zuversichtlichen Ausdruck zeigt. Und es gibt Menschen, denen man die Verbitterung von Weitem ansieht, obwohl ihnen im Leben nichts wirklich Schlimmes widerfahren ist.

Nicht nur das Gesicht verrät einiges über unsere innere Welt; besonders deutlich zeigt sich ein Mangel an Selbstbewusstsein und Selbstsicherheit in der Körperhaltung.

Das Erinnerungsvermögen

Wir alle kennen das: Ein Geruch, ein Klang, ein Bild oder auch ein Wort, eine Berührung lösen in uns die Erinnerung an ein Erlebnis oder an eine bestimmte Situation aus, und zwar nicht nur in der mentalen Form einer in Worte gefassten Geschichte. Vielmehr tauchen gleichzeitig die damaligen Empfindungen ebenfalls in uns auf, seien es Glück oder Schmerz, Zuversicht oder Entmutigung, Angst oder Hoffnung, Stolz oder Scham.

Wir können so weit gehen zu sagen, dass alles, was wir je erlebt haben, selbst wenn wir uns bewusst nicht mehr daran erinnern, wie ein Abdruck in uns geprägt ist, auf der mentalen und der emotionalen Ebene, aber auch, wie Wissenschaftler glauben, in jeder Körperzelle. Letzteres haben Experimente mit Tieren bewiesen: Während des Lebens erfahrene und gelernte Inhalte werden in den Genen gespeichert und an die Nachkommen weitergegeben.

Das bedeutet: Der Körper vergisst nichts, keinen Gedanken, keine Emotion, keine Sinneswahrnehmung. Was wir heute sind, entspricht unserer vollständigen bisherigen Lebensgeschichte.

Für immer gespeichert?

Es heißt, wer das Fahrradfahren einmal gelernt habe, verlerne es nicht: Saßen wir auch jahrzehntelang nicht mehr im Sattel, können wir sofort wieder losradeln. Das Gleiche gilt für das Schwimmen, das Klettern, den Tanz und andere Bewegungsabläufe. Auch beim Gitarren- oder Klavierspielen, und natürlich bei allen Instrumenten, nutzen wir das →Körpergedächtnis. Wir müssen ein Musikstück nur lange genug üben, damit die Hände die Griffe und Tastenfolgen automatisch ausführen, ohne dass wir dabei denken.

→ Die Psychologie spricht dabei vom impliziten Gedächtnis.

Ist es folglich nicht möglich, einmal gespeicherte Körpergewohnheiten zu löschen? Ich glaube, wir dürfen nicht von *löschen* sprechen im Sinne, dass etwas aus uns verschwindet, vielleicht nicht einmal von *ändern*. Was jedoch funktioniert: *etwas Neues einüben*. Das neue überlagert das alte Verhalten, das sich dann nicht mehr manifestieren kann.

Beeinflussen wir durch mentale oder psychische Techniken unsere bewussten und unbewussten Inhalte, so gehen die neuen Erkenntnisse auch in den Körper über und sind mit der Zeit sichtbar.

Am Anfang dieses Kapitels habe ich von *Wechselwirkung* gesprochen. Es ist uns meistens weniger bewusst, aber wie der Geist auf den Körper wirkt, so beeinflusst auch der Körper den Geist. Ändern wir die äußere Haltung, so wandelt sich auch die innere. Darauf beruhen körperorientierte psychologische Therapieformen, Tanz- und Bewegungstherapien, die Kinesiologie und weitere Methoden.

In der Regel ist es für uns einfacher, mit dem Körper zu arbeiten, als innere Einstellungen zu ändern. Oft wissen wir auch nicht (mehr), woher unsere traurigen Augen, die eingezogenen Schultern stammen, und können deshalb nicht auf der psychischen Ebene einwirken. Auf dieses Wissen sind wir jedoch nicht angewiesen; es kann sich, im

Gegenteil, sogar kontraproduktiv auswirken, wenn wir negative oder traumatische Ereignisse wieder an die Oberfläche holen – und die Vergangenheit lässt sich ohnehin nicht mehr ändern.

Es geht also darum, unseren Körper, wie er gegenwärtig ist, zu betrachten und eine neue Haltung einzuüben, die Selbstbewusstsein und Selbstsicherheit ausdrückt. Wir gewinnen diese Eigenschaften nicht allein dadurch, dass wir unser Äußeres ändern. Doch eine selbstbewusste Ausstrahlung unterstützt die übrigen Bemühungen, einerseits; andrerseits begegnen uns die Mitmenschen mit mehr Respekt und neigen weniger dazu, uns zu erniedrigen, zu dominieren oder auszunutzen, was es uns wiederum erleichtert, *tatsächlich* selbstbewusst auf sie zuzugehen.

Die Übungsaufgabe
Du pflegst einen neuen Gesichtsausdruck und eine neue Körperhaltung. Es versteht sich, dass es hierbei nicht um deine Schönheit und Attraktivität geht. Das Ziel ist einzig, durch die neue äußere Haltung positiv auf deine innere einzuwirken. Mach die folgenden Übungen immer im Bewusstsein, dass du *neue Gewohnheiten erlernen willst* und nicht etwa alte zu löschen oder zu verändern versuchst.

Schau dein Gesicht im Spiegel an
• Was drückt es aus? Traurigkeit, Enttäuschung, Unsicherheit, Überheblichkeit, ...?
• Worin genau erkennst du diese Eigenschaften? Heruntergezogene Mundwinkel, gepresste Lippen, zusammengekniffene Augen, hochgezogene Brauen, tiefe Stirnfalten, ...?
• Verändere dann vor dem Spiegel bewusst und willentlich die dafür verantwortlichen Stellen deines Gesichts: lächle, entspanne die Lippen, schau locker in die Ferne, lass alle Muskeln los, ... Achte bei dieser Übung darauf, dabei an etwas Erfreuliches zu denken oder dir ein liebliches, schönes Bild (eine Blume, eine Landschaft, ein lachendes Kindergesicht) vor dein inneres Auge zu holen, vielleicht auch heitere Musik zu hören.
• Präge dir diesen neuen Gesichtsausdruck jetzt mit geschlossenen Augen ein, spüre gut, wie er sich anfühlt, und

merke dir diese Empfindung. Übe ihn über einen längeren Zeitraum täglich mindestens einmal vor dem Spiegel und sei im Alltag achtsam, ihn wieder einzunehmen, wenn du merkst, dass dein alter zurückgekehrt ist.

Schau deine Körperhaltung im Spiegel an, frontal und von der Seite

• Was drückt sie aus? Niedergeschlagenheit, Angst, Trägheit, Tendenz dich zu ducken, zu unterwerfen, auszuweichen, ...?

• Worin genau erkennst du diese Eigenschaften? Gesenkter Kopf, ein- oder hochgezogene Schultern, zu breiter oder zu schmaler Stand, rückwärts geneigter Oberkörper, schlaffe Haltung, gebeugter Rücken, ...?

• Verändere dann vor dem Spiegel bewusst und willentlich deine Haltung, sodass du aufrecht, locker und entspannt (aber nicht träge) stehst und den Blick geradeaus richtest, nicht nach unten. Um den Körper aufzurichten, heb das Brustbein diagonal nach oben an und ziehe die Schulterblätter nach hinten unten; das ist besser, als den Kopf oder das Kinn anzuheben. Richte dich zudem von den Füßen aus nach oben, ohne die Knie durchzudrücken. Achte bei dieser Übung darauf, dabei an etwas Erfreuliches zu denken oder dir ein liebliches, schönes Bild (eine Blume, eine Landschaft, ein lachendes Kindergesicht) vor dein inneres Auge zu holen, vielleicht auch heitere Musik zu hören.

• Präge dir diese neue Haltung jetzt mit geschlossenen Augen ein, spüre gut, wie sie sich anfühlt, und merke dir diese Empfindung. Übe sie über einen längeren Zeitraum täglich mindestens einmal vor dem Spiegel und sei im Alltag achtsam, sie wieder einzunehmen, wenn du merkst, dass deine alte zurückgekehrt ist.

Denk daran: Dein Gesichtsausdruck und deine Körperhaltung haben sich über Jahrzehnte gebildet. Es wird Monate oder Jahre dauern, bis die neuen zu deinen «normalen» werden. Aber jedes Mal, wenn du willentlich einen anderen Gesichtsausdruck, eine andere Haltung einnimmst, trägst du zu dieser äußeren Wandlung bei. Und, noch viel bedeutsamer, zur inneren.

Arbeitsblatt zum 5. Schritt

Der tragende Gedanke
Äußeres und Inneres stehen in Wechselwirkung. Indem ich bewusst
einen neuen Gesichtsausdruck und eine neue Körperhaltung ein-
nehme, verwandle ich auch meine innere Haltung.

Ein weises Wort
Ändert sich der Zustand der Seele, so ändert dies zugleich auch
das Aussehen des Körpers; ändert sich das Aussehen des Körpers,
so ändert dies zugleich auch den Zustand der Seele.
Aristoteles

Zum Umgang
mit Affirmationen
findest du eine
detaillierte Anlei-
tung auf Seite 16.

Affirmationen
• Ich gehe aufrecht, mit erhobenem Haupt durchs Leben •
• Ich habe immer ein Lächeln auf den Lippen •
• Ich zeige mein Selbstbewusstsein durch meine aufrechte Haltung •

Mein Vorsatz für diese Aufgabe
Notiere möglichst konkret und präzise, wie die gestellte Aufgabe
für dich persönlich aussieht.

_____

_____

_____

_____

_____

_____

_____

_____

_____

_____

_____

Schritt 6: Sei nicht perfektionistisch und zu diszipliniert.

Empfinden wir bei einer Aufgabe, einer Tätigkeit, einem Unterfangen, dass wir dazu Selbstdisziplin brauchen, so ist dies der Ausdruck eines inneren Ringens um Tun oder Lassen, einer Meinungsverschiedenheit zwischen unseren Ichs oder zwischen Seele und Ego. Wären sich diese nämlich einig, würden wir freudig oder wenigstens gleichmütig handeln, ohne dass es uns Überwindung kostet.

Grundsätzlich ist Selbstdisziplin, die wir im allgemeinen Sprachgebrauch auch als starken Willen bezeichnen, ein positiver Aspekt unserer Wesensart. Manche Leistungen sind nicht möglich, wenn wir uns nicht bis zu einem gewissen Grad dazu überwinden oder gar zwingen. Trägheit, übertriebene Nachgiebigkeit und tatenloser Fatalismus sind auf keinen Fall der richtige Weg.

Was wir hingegen unbedingt vermeiden müssen, ist eine übermäßige Härte uns selbst gegenüber. Oft erwarten wir nämlich von uns eine Vollkommenheit, der wir nie und nimmer gerecht werden können. Diese Erwartung wird durch ein Idealbild erzeugt, das wir von uns selbst gezeichnet haben und fortwährend anpassen. Es stammt
• aus den ausgesprochenen und stillen Forderungen, die man an uns als Kind stellte, also aus den Vorstellungen, *wie wir sein sollten*, die Erzieher und Autoritätspersonen einst in uns einpflanzten – gehorsam, ehrlich, fleißig, hilfsbereit und vieles, vieles mehr mussten wir sein;
• aus den Ansprüchen und Erwartungen unserer heutigen Mitmenschen im privaten und beruflichen Umfeld, also *wie sie uns gern hätten*;
• aus unserer eigenen Vorstellung, *wie wir gern wären* – schön, schlank, stark, leistungsfähig, geistreich, humorvoll, lauter Werte, die durch unsere Gesellschaft geprägt sind.

Dieses Idealbild treibt uns zu einem Perfektionismus ohne Ende. Ist es also verwunderlich, dass wir uns immer wieder über unsere Kräfte verausgaben, uns verurteilen für kleine Unzulänglichkeiten oder ein vermeintliches Versagen, dass wir Schuldgefühle haben, wenn wir wegen der völlig normalen menschlichen Schwäche nicht genügend Selbstdisziplin und Willenskraft aufbringen?

Da wir uns selbst für unvollkommen und wertlos halten,
* glauben wir, entweder, unsere Umgebung hätte das gleiche Bild von uns, was uns unsicher, unterwürfig, gehemmt, schüchtern und ängstlich macht; oder
* wir befürchten, andere könnten merken, dass wir nicht so vollkommen sind, wie wir zu sein vorgeben und wie wir meinen, sein zu müssen. Folglich bemühen wir uns ungemein, uns noch besser darzustellen, Fehler zu vertuschen und →Schwächen zu verheimlichen, was uns viel Energie kostet und uns zwangsläufig in eine peinliche Lage bringt, wenn wir dabei entlarvt werden. Zudem, auch wenn es uns gelingt, andere zu blenden: Uns selbst können wir nicht täuschen, weshalb das Selbstwertgefühl leidet.

→ Zum Vertuschen unserer Schwächen siehe Schritt 18, Seite 103 ff.

Wie viel Selbstdisziplin ist gesund?

Die Grenze zwischen dem richtigen Maß an Selbstdisziplin und übertriebener Härte, zwischen dem berechtigten Bedürfnis, alles so gut wie möglich zu tun, und dem Perfektionismus ist fließend; jeder muss sie für sich in jeder einzelnen Situation ausloten.

Besonders wachsam sollten wir sein, wenn der Vollkommenheitswahn sich hinter der Maske des Pflichtbewusstseins und des Verantwortungsgefühls verbirgt, hauptsächlich im beruflichen und im familiären Umfeld.

Pflichten haben wir, zweifellos, vor allem denen gegenüber, die auf unsere Unterstützung angewiesen sind: unsere Kinder in erster Linie, vielleicht auch die greisen Eltern. Und selbstverständlich besteht auch eine Verpflichtung dem Arbeitgeber gegenüber, nämlich das zu leisten, wofür wir bezahlt werden.

→ Zu unserer Verantwortung vergleiche Seite 120 f.

Das Ausmaß unserer Schuldigkeit und →Verantwortung ist jedoch subjektiv und nicht selten berufen wir uns darauf, während es sich in Wahrheit um die Angst handelt, etwas falsch zu machen, nicht die «perfekte» Mutter, nicht der «pflichtbewusste, belastbare» Angestellte zu sein.

Da wir mit uns selbst meistens kritischer, unnachgiebiger, härter sind als mit anderen Menschen (übrigens: auch als andere mit uns!), lässt sich das richtige Maß finden, indem wir uns fragen: Welches Verhalten dürfte ich jetzt von einem anderen erwarten, wäre er an meiner Stelle, oder wozu würde ich ihm raten? Und wie würde ich ihn beurteilen, verhielte er sich anders? Müsste ich ihn tadeln, ihm Vorwürfe machen, ihn zurechtweisen? Oder hätte ich Verständnis und wäre nachsichtig? Daraus können wir schließen, wie wir mit uns selbst umgehen sollten.

Ich will allerdings in diesem Zusammenhang nicht unerwähnt lassen, dass auch das Gegenteil vorkommt. Weil wir an uns selbst zu hohe Ansprüche stellen, tun wir dies auch bei anderen – Ansprüche, die sie ebenfalls nie und nimmer erfüllen können. Daraus entstehen viele zwischenmenschliche Probleme und Konflikte, besonders in →Liebesbeziehungen und innerhalb der Familie.

→ Mit Forderungen und Erwartungen in der Paarbeziehung befasst sich mein Buch «Liebe ist kein Deal»; Info Seite 152.

Seien wir mit uns selbst und den Mitmenschen stets verständnisvoll, nachsichtig, tolerant und geduldig, so wie wir es mit einem kleinen Kind sein sollten, das es einfach nicht besser weiß und kann. Denn jeder Mensch macht im Grunde genommen doch immer das, was er gerade kann und für passend hält – ein objektives Genügend oder Ungenügend gibt es nicht. Ich plädiere dafür, dass wir allen Menschen mehrere Chancen zugestehen, erst recht uns selbst. Nur wenn jemand, auch wir selbst, willentlich und bewusst aus Bosheit, Gemeinheit, Niedertracht schlecht handelt, sollen wir unnachgiebig sein und mit aller Konsequenz vorgehen.

Echte Selbstdisziplin oder Angst?

Selbstdisziplin ist nötig, um den sogenannten Versuchungen zu widerstehen, um nicht Fehltritte zu begehen, die wir als solche erkennen. Aber Selbstkasteiung und Selbstüberforderung haben nichts mit Selbstdisziplin zu tun. Wir sollen uns nicht zügellos gehen lassen, vielmehr Willenskraft aufbringen. Jedoch nur dann, wenn es angebracht und nötig ist, und nicht bloß aus Prinzip, weil «man» es so macht, es von uns erwartet wird oder wir das Urteil der Mitmenschen fürchten. Wichtig ist, dass wir uns *bemühen*, nicht dass wir perfekt sind. Noch wichtiger: dass wir immer lieb mit uns selbst umgehen und uns alles →verzeihen. Wirklich alles. Es gibt nichts, gar nichts, das wir uns nicht vergeben dürfen und müssen.

→ Die Selbstvergebung ist ein wichtiger Aspekt der Selbstliebe, deshalb habe ich ihr den nächsten Schritt gewidmet, Seite 49 ff.

Manchmal schieben wir, wie gesagt, Selbstdisziplin auch nur vor, dabei ist es Angst. Ein Beispiel: X geht jeden Mittwoch mit einigen Kollegen joggen. Letzte Woche fühlte er sich nicht wohl und sagte ab; das war für ihn kein Problem, schließlich ist jeder einmal krank. Diese Woche hat er jedoch keine Lust und würde das Training am liebsten ausfallen lassen. Aber er redet sich ein, er dürfe der Trägheit nicht nachgeben. In Wirklichkeit treibt ihn die Angst: Er traut sich nicht, noch einmal abzusagen, weil er das Urteil der Kollegen fürchtet, dass sie ihn für einen Schwächling halten, ihn vielleicht sogar aus der Gruppe ausschließen könnten. Worin besteht nun in diesem Fall die größere Leistung? Wenn er aus Feigheit Härte an den Tag legt und joggen geht oder wenn er zu seiner Unlust steht und absagt?

Zudem müssen wir stets bedenken, dass die sogenannte →Unlust durchaus berechtigt sein könnte, im Fall von X etwa als Zeichen des Körpers, dass er noch nicht ganz fit ist und sich schonen sollte. Manchmal handelt es sich dabei auch um einen sanften Hinweis der allwissenden Seele, die uns aus einem berechtigten Grund von etwas abzuhalten versucht, vielleicht weil wir nicht an einem bestimmten Ort sein sollen oder sie uns an einem anderen haben will.

→ Zur Unlust vergleiche Seite 64.

Ich könnte viele Beispiele erzählen, in denen meine Seelenstimme mich durch Unlust zu Recht an einem Vorhaben hinderte. Einmal hatte ich für das Wochenende eine Wanderung geplant und mich schon Tage zuvor darauf gefreut. Am Morgen der Abreise empfand ich jedoch, aus dem Nichts, eine derart starke Unlust, dass ich es bleiben ließ. An dem Tag rief mich eine Freundin an, die in großer seelischer Not war. Ich hätte ihr nicht sofort beistehen können, wäre ich zu Fuß in den Bergen unterwegs gewesen.

Ein weiteres, ganz anderes Beispiel. Seit Jahrzehnten treffe ich mich einmal im Monat zu einem Spielnachmittag mit einer befreundeten Familie, worauf ich mich jedes Mal riesig freue. Am Morgen einer dieser Zusammenkünfte spürte ich plötzlich, dass ich überhaupt keine Lust darauf hatte. Es gab keinen Grund dafür, ich konnte es mir nicht erklären. Wenig später rief meine Freundin an und erklärte mir, der heutige Anlass müsse ausfallen, sie seien alle stark erkältet. Normalerweise hätte ich diese Absage bedauert.

An jenem Tag machte es mir hingegen überhaupt nichts aus, ich war vielmehr erleichtert und froh darüber. Ich bin davon überzeugt, dass meine unbegründete Unlust eine «Schutzmaßnahme» meiner allwissenden Seele war, um mir die Enttäuschung zu ersparen.

Generell gilt: Du hast etwas nicht geschafft? Du hast dich gehen lassen? Du hast keine Lust? Finde immer eine Rechtfertigung für dich selbst: körperliche Müdigkeit, auf dir lastende Sorgen, ... Oder, noch besser, gar keine: einfach keine Lust, auch das ist ein ernst zu nehmender Grund.

Die Übungsaufgabe

Achte auf deinen Perfektionismus und missachte ihn. Sei wachsam, sobald das Idealbild, das du von dir selbst hast und dem du nacheiferst, dich antreiben will, und verbanne diese falschen Wertmaßstäbe. Lass dich auch nicht von vermeintlichem Pflicht- oder Verantwortungsgefühl verführen und schon gar nicht von der Angst bestimmen. Das heißt:
• Leiste, beruflich wie privat, stets exakt 100 Prozent – versuche nicht 110 oder 120 Prozent, denn mehr als 100 geht doch gar nicht! Und beurteile diese «100» objektiv, als beträfe es jemand anders.
• Tue alles, so gut du es kannst. Damit begnügst du dich aber und bist mit dem Ergebnis zufrieden, egal, wie es ausgefallen ist, egal, wie die anderen es bewerten.
• Setz dir für die Tätigkeiten, bei denen du dir jeweils zu viel zumutest, vorher eine Zeitlimite oder andere Grenzen. Beispiele:
– Ich bügle jetzt genau eine Stunde, danach höre ich auf, egal, ob noch Wäsche im Korb ist; den Rest bügle ich ein anderes Mal.
– Ich backe zwei Kuchen für den Wohltätigkeitsbazar, und stehe nicht bis Mitternacht in der Küche, um vier, fünf oder noch mehr zu backen.
– Ich übe nur zwei Stunden am Klavier, auch wenn die Sonate noch nicht perfekt klingt und ich sie morgen vorspielen muss.
• →Gönne dir, sooft du das Bedürfnis verspürst, Ruhe, ja Faulheit, und lass vermeintliche Pflichten liegen, jedes Mal, wirklich jedes Mal, wenn dir gerade danach ist.

→ Siehe Schritt 26, Seite 146 ff.

Arbeitsblatt zum 6. Schritt

Der tragende Gedanke
Ich übe eine gleichmütige Willenskraft aus, ohne hart und unnachgiebig mit mir selbst zu sein, ohne Frustration und Selbstvorwürfe, wenn ich mich gehen lasse oder schwach bin. Ich bin wachsam für meine perfektionistische Ader und lasse sie nicht gewähren.

Ein weises Wort
Das Wort Disziplin bedeutet lernen – nicht kontrollieren, unterwerfen, nachahmen und anpassen.
Jiddu Krishnamurti

Zum Umgang mit Affirmationen findest du eine detaillierte Anleitung auf Seite 16.

Affirmationen
• Ich mache immer, was ich kann, das ist genug •
• Ich akzeptiere meine Unvollkommenheit •
• Liebevoll setze ich Maßstäbe an mich selbst •

Mein Vorsatz für diese Aufgabe
Notiere möglichst konkret und präzise, wie die gestellte Aufgabe für dich persönlich aussieht.

_____

_____

_____

_____

_____

_____

_____

_____

_____

_____

_____

Schritt 7: Vermeide Schuldzuweisung und vergib dir alles.

Den Dingen auf den Grund gehen und nach den Ursachen forschen, um daraus Einsichten zu gewinnen, dagegen ist nichts einzuwenden. Doch kennst du nicht auch Menschen, die immer augenblicklich einen Schuldigen suchen und finden? Haben sie einen Schnupfen, müssen sie jemanden für die Ansteckung verantwortlich machen; geht eine Pflanze im Garten ein, liegt es an Nachbars Katze, die ihr Geschäft dort verrichtet; bekommen sie keine Karten mehr für das Konzert, so hätte die Ankündigung in der Zeitung ein paar Tage früher erscheinen sollen; rutscht ihnen eine Tasse aus der Hand, dann ist der fettige, glitschige Henkel schuld, und natürlich ist es der Partner, der das Geschirr nicht sauber gespült hat.

Schuldzuweisungen als Selbstschutz

Diese Neigung, die Verantwortung, ja die Schuld auf jemanden oder auf die Umstände zu schieben, kann unter anderem auf einen Mangel an Selbstwertgefühl zurückzuführen sein. Müssten wir uns nämlich eingestehen, dass wir etwas falsch gemacht haben, und sei es nur ein harmloser Fehltritt, eine Unachtsamkeit, eine Nachlässigkeit, so könnten Gedanken des Versagens und Selbstvorwürfe aufkommen. Menschen mit einem geringen Selbstwertgefühl leiden oft darunter und werden ihre herabwürdigenden Empfindungen dann kaum mehr los: «Schon wieder habe ich alles falsch gemacht. Nicht einmal das kann ich. Es geschieht mir ganz recht.»

Andere zu beschuldigen rührt aber teilweise auch daher, dass wir auf keinen Fall riskieren wollen, von Mitmenschen wegen unserer «Fehler» schlecht beurteilt zu werden. Deshalb weisen wir die Verantwortung von uns, bevor jemand auf die Idee kommt, uns zu beschuldigen. Die Argumente unserer Selbstverteidigung sind mitunter völlig an den Haaren herbeigezogen. Doch das stört uns nicht, wir beharren jeweils uneinsichtig darauf – denn ohne Geständnis muss man uns aus Mangel an Beweisen freisprechen.

Selbstbeschuldigung und Selbstverurteilung

Das umgekehrte Phänomen lässt sich bei Menschen mit einem schwachen Selbstwertgefühl noch häufiger beobachten: Sie übernehmen für alles die →Verantwortung. Und fühlen sich tatsächlich schuldig.

→ Zum Thema der Verantwortung siehe Seite 120.

Sie trauen sich selbst nicht zu, etwas zu können, es richtig zu machen, sodass sie die Schuld augenblicklich bei sich suchen, sobald etwas schiefgeht. Wenn ich die obigen Beispiele wieder aufgreife: Bei einem Schnupfen sind sie davon überzeugt, sich zu wenig warm angezogen zu haben; beim Absterben der Pflanze haben sie ihr den falschen Dünger gegeben; die Karten für das Konzert sind ausverkauft, weil sie zu lange gezögert haben; und die Tasse ist kaputtgegangen wegen ihrer Schusseligkeit.

Muss es denn immer einen Schuldigen geben? Ist es nötig, ihn immer zu suchen und als solchen zu bezeichnen? Wieso nehmen wir eine Gegebenheit nicht einfach zur Kenntnis und lassen sie so stehen?

Selbst wenn wir objektiv einen Fehler gemacht haben: Es genügt, ihn zu erkennen und daraus zu lernen. Ohne uns als entwertet oder als Versager zu empfinden, ohne Selbstvorwürfe und Schuldgefühle. Niemand ist vollkommen, wir alle machen Fehler. Diese vor uns selbst und vor anderen →einzugestehen, ist ein Zeichen eines gesunden Selbstwertgefühls. Und es ist ein Zeichen von Weisheit, daraus zu lernen. Alles andere ist überflüssig und schädlich.

→ Siehe Schritt 18, Seite 103 ff.

Ein weiser Spruch, den ich einmal auf einer Parkbank gelesen habe: «Wir verlieren nie. Wir gewinnen oder wir lernen.»

Die Übungsaufgabe

• Du bist achtsam für die Situationen, in denen du nach Schuldigen suchst oder leichthin jemanden oder etwas für einen Fehltritt, eine Unannehmlichkeit, ein Versagen verantwortlich machst:

– Falls es tatsächlich von Bedeutung ist, wer oder was dafür verantwortlich ist, nimmst du es zur Kenntnis und sagst dir dann, unabhängig davon, ob du selbst es bist oder ein anderer: «Nun ist es geklärt. Ich lasse es los, es ist nicht so wichtig, niemand ist vollkommen, ich vergebe mir/ihm.»

Und dann bemühst du dich tatsächlich, die Angelegenheit nicht länger gedanklich hin und her zu wälzen, sondern sie als abgeschlossen ruhen zu lassen.

– Handelt es sich um eine Bagatelle oder um eine Situation, bei der sich kein Schuldiger *objektiv* benennen lässt, so verzichtest du darauf, in Gedanken oder mit Äußerungen überhaupt darauf einzugehen. Vermeide jede Art von Schuldzuweisung, auch in indirekter oder subtiler Form wie: «Es wäre nicht passiert, wenn …»; «Das hätte nicht sein müssen»; «X ist/ich bin eben so».

• Du hörst auf, dich in Gedanken und Äußerungen selbst zu erniedrigen. Alles Selbstentwertende verbannst du aus deinem Sprachschatz, auch die bei kleinen Missgeschicken oft nur so daher gesagten Sprüche wie: «Bin ich doof!»; «Wie konnte mir das bloß passieren?»; «Ich lerne es nie.»

• Du verzeihst dir alles, wirklich alles und immer. Egal was du falsch machst, sogar wenn du jemanden verletzt, betrogen, schlecht behandelt hast, erkennst du lediglich deine Unzulänglichkeit und sagst zu dir: «Ich bin nicht vollkommen, ich habe einen Fehler gemacht. Nun habe ich daraus gelernt und ich vergebe mir selbst. Ich vergebe mir. Ich vergebe mir alles und immer.» Achte dabei aber darauf, die Verantwortung oder Schuld deshalb nicht etwa auf jemand anders abzuladen.

Dabei empfindest du auch *Selbstmitgefühl*. Nicht Selbst-*mitleid*, wohlverstanden. Du bedauerst dich nicht selbst, weil du armer Tropf immer alles falsch machst und so unglücklich bist. Vielmehr bist du verständnisvoll, mitfühlend angesichts dieses menschlichen Wesens, das sich redlich Mühe gibt, aber von Zeit zu Zeit eben strauchelt – wie alle anderen auch.

Arbeitsblatt zum 7. Schritt

Der tragende Gedanke
Ich verzichte mir selbst und anderen gegenüber auf Schuldzuweisungen und übernehme die Verantwortung nur, wenn ich objektiv etwas falsch gemacht habe. Ich vergebe mir alle meine Unzulänglichkeiten und alle meine «Fehler».

Ein weises Wort
Je länger ich lebe, umso mehr komme ich zur Einsicht, dass es keine Schuldigen gibt, sondern nur unglückliche Wesen.
Anatole France

Zum Umgang mit Affirmationen findest du eine detaillierte Anleitung auf Seite 16.

Affirmationen
• Ich vergebe mir alles, immer •
• Alles, was ich mache, schenkt mir neue Erfahrungen •
• Ich darf Mitgefühl für mich selbst empfinden •

Mein Vorsatz für diese Aufgabe
Notiere möglichst konkret und präzise, wie die gestellte Aufgabe für dich persönlich aussieht.

_____

_____

_____

_____

_____

_____

_____

_____

_____

_____

_____

_____

Schritt 8: Nimm Lob und Tadel dankbar an.

In meinem Kurs über Selbstliebe sagte einmal ein junger Mann: «Mein Chef kann mich hundertmal loben, aber wenn er meine Arbeit dann *ein einziges Mal* kritisiert, zieht mich das ganz schön runter, und es dauert ziemlich lange, bis ich mein Selbstwertgefühl wieder finde.»

Stell dein Licht nicht unter den Scheffel!
Ein Kompliment oder ein Lob freuen uns natürlich und bauen uns auf. Dennoch versuchen wir nicht selten, dies nicht zu zeigen, und wehren sie sogar ab: «Das war doch keine große Sache.» Oder: «Aber nein, das ist nichts Besonderes.» Oder: «Du übertreibst.»

Warum fällt es uns so schwer, Beifall anzunehmen? Einfach zu sagen: «Danke, es freut mich, dass du meine Leistung und meinen Einsatz siehst und würdigst»? Oder ein Kompliment mit einem Lächeln und einem Danke zu quittieren? Warum machen wir uns kleiner?

Weil wir uns selbst nicht achten. Wir halten uns entweder nicht für fähig genug, etwas Gutes, Richtiges, Nützliches vollbracht zu haben, oder für nicht wertvoll genug, dafür Anerkennung zu bekommen.

Ja, vielleicht hätte ein anderer das Gleiche auch gekonnt. Na und? Schmälert das deswegen unsere Leistung? Selbst wenn wir Lob ernten für eine Eigenschaft, die wir einfach besitzen und die somit nicht direkt unser Verdienst ist, beispielsweise ein angeborenes Sprachgefühl, den guten Geschmack, den ausgezeichneten Orientierungssinn, warum sollten wir es nicht selbstbewusst entgegennehmen und – wenigstens uns selbst – sagen: «Ja, das kann ich. Darin bin ich ein Meister. Schön, dass andere es auch erkennen!»

Gesunde Kritikfähigkeit
Wie die eingangs erzählte Anekdote zeigt, gehen uns Vorwürfe und Kritik meistens näher als Lob, unabhängig davon, ob sie berechtigt sind oder nicht. Wehren wir sie vorschnell ab, ohne sie wenigstens kurz zu erwägen und auf

ihre Berechtigung zu prüfen, oder suchen wir unmittelbar nach Ausflüchten, so ist es ein Zeichen mangelnden Selbstwertgefühls: Wir ertragen es nicht, von anderen negativ beurteilt zu werden.

Umgekehrt spricht es für ein gesundes Selbstwertgefühl, wenn wir einen Fehler zugeben können. Für eine berechtigte Kritik sollten wir sogar dankbar sein und sie als Hilfe und Chance betrachten, etwas zu lernen. Dabei ist es wichtig, dass wir ehrlich zu uns sind, um den Fehler zuerst einmal vor uns selbst einzugestehen. Daraufhin teilen wir auch unserem Kritiker mit, er habe recht, und entschuldigen uns wenn nötig, allerdings ohne uns zu rechtfertigen oder verharmlosende Ausreden anzuführen.

Erkennen wir eine Kritik hingegen als unberechtigt, so weisen wir sie sachlich zurück, ebenfalls ohne uns lange zu erklären und auf die Zustimmung des anderen zu warten. Generell sollten wir uns nicht auf unendliche Diskussionen einlassen, sondern unseren Standpunkt einmal klar erläutern, wenn unbedingt nötig auf eine Erwiderung noch einmal ein Argument nachreichen – und es dann dabei bewenden lassen. Wir müssen niemanden überzeugen, es genügt, wenn wir selbst überzeugt sind.

Subjektive Kritik

Bei *objektiven* Fehlern, etwa wenn du in einem Text «Verständniss» mit zwei S schreibst, akzeptierst du eine Korrektur bestimmt, vielleicht nach einem Blick in den Duden. Vieles, was an Tadel und Kritik auf uns herab prasselt, beruht jedoch auf einer *subjektiven* Einschätzung: Einerseits ist es subjektiv, ob etwas überhaupt als Fehler gesehen wird, und andrerseits ist dessen Schweregrad eine Frage der persönlichen Bewertung. Vergessen wir nicht, dass jeder Mensch in Bezug auf seine →Werteskala und auf das, was er als gut oder als schlecht empfindet, individuell durch seine Erziehung und seine bisherigen Erfahrungen geprägt ist, von Objektivität kann keine Rede sein. Besonders die Eigenschaften und Verhaltensweisen, die jemand an sich selbst nicht akzeptiert, nicht sehen will und deshalb zu verbergen versucht (der «Schatten» in der Psychologie von C.G. Jung), verurteilt er bei anderen umso heftiger.

→ Zu Prägungen und Verhaltensmustern siehe Schritt 3, Seite 26 ff.

Halten wir also fest: Vieles, was andere uns vorwerfen, wofür sie uns tadeln und kritisieren, hat gar nichts mit uns zu tun, sondern allein mit ihnen selbst. Deshalb darf es an uns abperlen wie das Wasser von den Lotosblättern.

Denken wir auch daran: Kein Lob macht uns wertvoller, als wir ohnehin sind, kein Tadel, berechtigt oder nicht, vermindert unseren Wert.

Die Übungsaufgabe

Den vorangehenden Erläuterungen entsprechend besteht die Aufgabe aus zwei Teilen.

• *Lob annehmen.* Du bist wachsam für die positiven Äußerungen der Mitmenschen über dich. Du widersprichst nicht, selbst wenn es an Schmeichelei grenzt, sondern bedankst dich schlicht und mit deinem zauberhaftesten Lächeln. Du →senkst dabei nicht verschämt den Blick oder wendest dich ab, sondern stehst aufrecht und schaust deinem Gegenüber selbstbewusst in die Augen.

→ Erinnere dich an die aufrechte Haltung der Aufgabe auf Seite 41.

Wenn du das eine Weile geübt hast, gehst du noch einen Schritt weiter. Du sprichst dir für eine gute Leistung selbst ein Lob aus (von der Redensart «Eigenlob stinkt» halte ich gar nichts) und forderst deine Mitmenschen geradezu auf, sie ebenfalls anzuerkennen: «Findest du nicht, dass ich diese Aufgabe gut gelöst habe?» Oder: «Ich bin stolz auf mich, diese Hürde habe ich meisterhaft genommen, nicht wahr?» Natürlich ohne Prahlerei oder Überheblichkeit, sondern ganz sachlich und selbstbewusst.

• *Mit Kritik umgehen.* Wenn du mit Vorwürfen, Tadel, Kritik konfrontiert wirst, bewahrst du ebenfalls eine aufrechte Haltung und schaust deinem Gegenüber in die Augen. Denk kurz über das Gesagte nach, bevor du antwortest. Brauchst du dafür mehr Zeit, teilst du es ihm mit: «Ich werde darüber nachdenken und zu einem späteren Zeitpunkt dazu Stellung nehmen.» Dann gehst du wie folgt vor, aber du lässt dich in keinem Fall auf lange Diskussionen ein:
– Falls du die Kritik als unberechtigt beurteilst: Gib deine Argumente bekannt, hör dir *ein Mal* noch die Gegenargumente an. Danach sagst du ruhig und sachlich: «Wir sind nicht einer Meinung. Das ist in Ordnung. Lassen wir es so stehen.» Du hast das Recht, jede Diskussion zu beenden,

wann immer du es für richtig hältst, ohne dass dein Gegenüber sich deshalb beleidigt, frustriert oder verletzt fühlen müsste. Ein endloses Hin und Her mit mehrmaligem Wiederkäuen gleicher oder ähnlicher Aussagen ist völlig unfruchtbar.

– Falls du die Kritik als berechtigt beurteilst, sagst du: «Du hast recht. Danke, dass du mich darauf aufmerksam gemacht hast. Ich werde daraus lernen.» Es ist nicht nur eine gute Übung für dich, sondern es zeigt dem anderen deine Stärke und Aufrichtigkeit. Bei einer nächsten Gelegenheit wird er es wieder wagen, dich mit seiner Meinung zu konfrontieren, was für dich auf jeden Fall förderlich ist. Eine weitere positive Wirkung liegt darin, dass wenn du dich nicht auf einen Kampf ums Rechthaben einlässt und nicht krampfhaft versuchst, einen Fehler zu vertuschen oder herunterzuspielen, die Mitmenschen sich nicht provoziert fühlen und verständnisvoller und nachgiebiger reagieren.

Arbeitsblatt zum 8. Schritt

Der tragende Gedanke
Lob nehme ich dankend an, freue mich darüber und zeige dies auch.
Tadel bewerte ich sachlich als berechtigt oder nicht berechtigt und
kommuniziere es entsprechend; dabei fühle ich mich keinesfalls
unfähig oder wertlos.

Ein weises Wort
Wie der Wind den festen Felsen nicht ins Wanken bringt, so bleibt
der Weise bei Lob und Tadel unbewegt.
Buddha

Affirmationen
• Ich freue mich über Lob und Anerkennung und zeige es •
• Kritik heiße ich willkommen und prüfe sie nüchtern und sachlich •
• Ich bin wertvoll, was ich auch immer tue •

Zum Umgang
mit Affirmationen
findest du eine
detaillierte Anlei-
tung auf Seite 16.

Mein Vorsatz für diese Aufgabe
Notiere möglichst konkret und präzise, wie die gestellte Aufgabe
für dich persönlich aussieht.

_____

_____

_____

_____

_____

_____

_____

_____

_____

_____

_____

Schritt 9: Lobe und tadle freimütig.

Im Anschluss an das Kapitel über das Annehmen von Lob und Tadel befasst sich dieser Schritt nun mit der umgekehrten Situation, also wenn *wir* jemanden loben oder tadeln. Auch damit tun wir uns oft schwer, aus unterschiedlichen Gründen.

Die Schwierigkeit zu loben
Viele Menschen können ein leidvolles Lied davon singen, wie sie als Kind nie oder selten von den Eltern gelobt wurden – und als Erwachsene ebenso wenig.

Es gibt auch Vorgesetzte, denen nie ein Wort der Anerkennung über die Lippen kommt. «Loben kostet Geld», sagte ein früherer Chef von mir und drückte damit aus, dass die Mitarbeiter mehr Lohn verlangten, wenn die Vorgesetzten mit ihnen zufrieden waren und sie schätzten. Doch das ist natürlich nicht der Hauptgrund, warum wir mit positiven Äußerungen zurückhalten; vielmehr liegen die Ursachen, teilweise nur unbewusst, unter anderem in Folgendem:

• Wir sind zu schüchtern oder gehemmt, um eine Bewertung, sogar eine positive, auszusprechen.

• Manchmal befürchten wir, der andere könnte uns missverstehen oder uns unterstellen, unsere Worte seien nicht ehrlich gemeint oder wir erwarteten etwas dafür.

• Weil wir selbst Mühe haben, Anerkennung und Komplimente entgegenzunehmen, ersparen wir es anderen. Wir wollen sie einerseits nicht in die gleiche Verlegenheit bringen, in der wir uns jeweils befinden, andrerseits befürchten wir, im Gegenzug ebenfalls ein Lob zu bekommen, womit wir ja nicht umgehen können.

• Wir sind zu sehr mit uns selbst beschäftigt, um eine gute Eigenschaft oder Leistung eines anderen überhaupt wahrzunehmen und uns dazu zu äußern, oder generell zu gleichgültig den Mitmenschen gegenüber.

• Leiden wir unter einem schwachen Selbstwertgefühl, so vermeiden wir es, andere zu «erhöhen», um uns selbst nicht als noch «niedriger» zu empfinden.

Lob und Anerkennung tun uns aber gut. Selbstverständlich sollen wir unser Selbstwertgefühl nicht auf die Bewertung anderer abstützen. Doch auch wenn wir selbst an unserer Unabhängigkeit von Lob arbeiten, bedeutet es nicht, dass alle anderen es auch tun und schon so weit sind, es nicht mehr zu brauchen. Spar deshalb nicht mit Beifall und Ermunterung für deine Mitmenschen, stärke ihr Selbstvertrauen, sooft du kannst und sich dir Gelegenheit dazu bietet, mit ein paar anerkennenden, aufbauenden Worten. Natürlich ohne zu schmeicheln oder gar zu lügen.

Versuch dabei, keine Allgemeinplätze zu verwenden. Sag nicht: «Du siehst gut aus» oder: «Du hast deine Arbeit gut gemacht», sondern lobe konkret eine Eigenschaft: «Deine neue Haarfarbe leuchtet wunderschön» oder eine Leistung: «Wie verständlich und übersichtlich du diese Tabelle dargestellt hast – super!»

Die Schwierigkeit zu tadeln

Halten wir eine Kritik zurück, so liegt es meistens daran, dass wir nicht «die Bösen» sein wollen, weil wir befürchten, man entziehe uns dann die Liebe.

Das führt mit der Zeit aber zu Frustration, Reizbarkeit, Zurückweisung, ebenso zu versteckten, manchmal gemeinen Anspielungen und letztendlich zu Überreaktionen bei Kleinigkeiten, wenn uns der Kragen dann doch platzt und wir explodieren.

Für unsere psychische Gesundheit ist es wichtig, dass wir den Mitmenschen sagen, was uns verletzt, was wir für unrichtig halten (wenigstens was ihr Verhalten uns gegenüber betrifft), und uns nicht aus Angst, ihre Freundschaft, Liebe oder Wertschätzung zu verlieren, zurückhalten.

Bedenke auch: Wie soll jemand sich ändern und innerlich wachsen, wenn niemand sich traut, ihm zu sagen, was er «falsch» macht?

Selbstverständlich tun wir es immer mit Respekt und Anstand. Ohne hier vertieft auf die Grundregeln der zwischenmenschlichen Kommunikation einzugehen, erinnere ich an das A und O:
• Sprich deine Kritik klar und sachlich aus, verzichte auf Andeutungen, Seitenhiebe, Sarkasmus, Zynismus.

- Berufe dich immer auf die gegenwärtige, konkrete Begebenheit, ziehe weder frühere Ereignisse noch Allgemeinplätze bei.
- Formuliere die Kritik nicht in Form persönlicher Anschuldigungen, sondern sprich über deine eigene Wahrnehmung oder Empfindung, und verurteile immer nur die Sünde, nie den Sünder. Sag also nicht: «*Du hast* den Tisch nicht sauber abgewischt», sondern: «*Mir scheint*, der Tisch ist nicht sauber abgewischt.» Nicht: «*Du* hast mich verletzt», sondern: «*Ich* fühle mich durch *deine Worte* verletzt».
- Hör deinem Gesprächspartner aufmerksam zu, ohne zu unterbrechen, erwäge seine Argumente und versuche zu spüren, was er dir *wirklich* sagen will – auch wenn er es nicht sagt. Verlass dich auf deine Intuition, sie irrt nicht.

Die Übungsaufgabe

Spare nicht mit Lob und halte Kritik nicht zurück. Das ist eine überaus nützliche Übung, um das Selbstwertgefühl zu stärken, ebenso um die Spontaneität zu fördern. Wenn du das Gefühl hast, beide Aufgaben gleichzeitig, Loben und Tadeln, seien zu viel, so widme dich zuerst nur der einen und nimm die andere später dazu.

Im Prinzip ist es ganz einfach: Sag immer, was dir auf die Zungenspitze kommt, sowohl Anerkennung als auch Kritik, ganz spontan, ohne zu überlegen, ob du es sagen darfst, wie es beim Gegenüber wohl ankommen wird, welche Konsequenzen daraus entstehen könnten. Sei mutig und geh das Risiko ein, vielleicht auch einmal etwas «Falsches» zu sagen – du kannst dich ja dafür entschuldigen, wenn du merkst, dass du zu weit gegangen bist. Es ist wichtig, ein Gespür zu bekommen für die →Grenzen, indem du sie auslotest – was nicht möglich ist, wenn du dich vorher schon bremst und schweigst. Vertraue darauf, dass deine Seele genau weiß, was gesagt werden darf und muss, was richtig ist für dich und für andere. Mit der Zeit wird dir an Lob und Tadel nur noch ungezwungen über die Lippen kommen, was in der betreffenden Situation tatsächlich angebracht ist, und du spürst dann auch, dass du wahrhaftig gehandelt hast, unabhängig davon, wie dein Gegenüber reagiert.

→ Zum Einpendeln auf die Grenzen vergleiche Seite 74 f.

Loben

- Lobe, lobe, lobe – wann immer du eine Gelegenheit dazu findest! Loben kannst du nicht genug.
- Sprich die Anerkennung konkret aus und auf die aktuelle Leistung oder Eigenschaft bezogen, nicht allgemein.
- Schwäche ein Lob nicht ab, etwa durch eine Einschränkung, mit einem «Aber»/«Obwohl» oder einem abwertenden Unterton. Beispiele wie du *nicht* loben sollst:
  - «Dein Risotto schmeckt sehr gut, *aber ich hätte noch ein bisschen mehr Safran verwendet.*»
  - «Wie schön, dass du pünktlich bist.» *(mit ironischem oder sarkastischem Unterton)*
  - «Du hast genau die richtigen Worte gefunden, um deine deprimierte Kollegin aufzumuntern, *obwohl du in der Regel nicht so empathisch bist.*»

Tadeln

- Sag jederzeit, was du missbilligst, was dich verletzt, was du nicht akzeptieren willst. Beachte jedoch die erwähnten Regeln einer konstruktiven Kommunikation, kritisiere jemanden nie im Beisein anderer und ziehe zur Bekräftigung keine fremden Meinungen heran, wie: «Deine Mutter hat auch gesagt, dass...».
- Schau deinem Gegenüber in die Augen, weiche nicht aus, verharmlose nicht, schwäche deine Aussage nicht ab.
- Füge jedoch nach einer Kritik immer noch etwas *Aufbauendes* hinzu – ein Quäntchen an Positivem gibt es in allem und jedem. Beispiele:
  - «Ich finde es nicht schön, dass du hinter meinem Rücken mit dem Chef gesprochen hast. *Du bist doch sonst ein gradliniger, aufrechter Mensch.*»
  - «Diese Arbeit ist missglückt. *Aber ich weiß, dass du jetzt daraus gelernt hast und es dir nicht mehr passieren wird.*»
  - «In diesem Text sind noch einige Fehler. *Komm, korrigiere sie selbst, ich weiß, dass du es kannst!*»
- Auch als Untergebener/Kind scheust du dich nicht, einen Vorgesetzten/die Eltern auf Fehler aufmerksam zu machen oder ihnen mitzuteilen, wenn du ihr Verhalten nicht billigst.

Arbeitsblatt zum 9. Schritt

Der tragende Gedanke
Sowohl durch Lob als auch durch konstruktive Kritik helfe ich den
Mitmenschen und arbeite gleichzeitig an meiner Selbstliebe.

Ein weises Wort
Tadle den Freund unter vier Augen und lobe ihn in der Öffentlich-
keit.
Leonardo da Vinci

Zum Umgang
mit Affirmationen
findest du eine
detaillierte Anlei-
tung auf Seite 16.

Affirmationen
• Meine Mitmenschen baue ich auf, sooft ich kann •
• Ich sage klar und sachlich alles, was ich zu sagen habe •
• In jeder Situation bin ich aufrichtig •

Mein Vorsatz für diese Aufgabe
Notiere möglichst konkret und präzise, wie die gestellte Aufgabe
für dich persönlich aussieht.

_____

_____

_____

_____

_____

_____

_____

_____

_____

_____

_____

_____

Schritt 10: Vertraue deiner Seelenstimme.

Mit diesem Kapitel solltest du dich nicht beschäftigen, bevor du Schritt 2 absolviert hast.

Seien wir ehrlich: Wir wissen im Grunde genommen (fast) immer, was für uns richtig und was falsch ist, was wir tun und was wir lassen sollten, was wir wollen und was nicht. Würden wir uns stets danach richten, blieben uns Entscheidungskonflikte erspart, zudem viel Frustration und Unlust. Wir würden uns nie mehr schlecht fühlen, weil wir getan haben, was wir nicht wollten, oder bedauern, nicht getan zu haben, was wir gern getan hätten. Ganz einfach, nicht wahr? Wären da bloß nicht unsere Zweifel und Ängste...

Der Seelenstimme habe ich ein eigenes Buch gewidmet, weil sie für uns so wichtig und hilfreich ist; Infos Seite 152.

Die Lenkung durch die Stimme der Seele

Wir alle besitzen diese Seelenstimme, die uns sagt, wie wir uns verhalten sollen. Meinen wir, diese Stimme der Wahrheit nicht zu hören, so liegt es daran, dass sie sich in der Regel nur leise, nicht klar und deutlich äußert, nicht mittels Worten und der uns vertrauten Sprache, sondern mit Empfindungen, unbestimmten Wahrnehmungen, inneren Zeichen; andererseits, weil sie die allermeiste Zeit zu Recht schweigt.

Die Seelenstimme lenkt uns dennoch ununterbrochen, auch und gerade durch ihr Schweigen. Sie meldet sich nämlich unaufgefordert, nicht nur, aber vor allem dann, wenn wir im Begriff sind, das Falsche zu denken, zu sagen oder zu tun. Sie meldet sich hingegen nicht explizit, um uns zu bestätigen: «Es ist alles in Ordnung, weiter so!». Zuweilen lässt sie uns aber eine Sicherheit oder Gewissheit empfinden, dass alles gut und richtig ist. Im Umkehrschluss bedeutet dies: Solange wir nichts hören, dürfen wir davon ausgehen, die Seele billige, was wir gerade denken, sagen oder tun.

Die Sprache der Seelenstimme

Die subtile Sprache der Seelenstimme ist in der Regel wortlos, nicht einheitlich und eindeutig; die folgenden Leitsätze sollen dir ein Gespür dafür vermitteln, wie sich die Seelenstimme *unaufgefordert* meldet.

• Sind wir im Begriff, etwas zu denken, zu sagen oder zu tun, das die Seele nicht gutheißt, meldet sie sich in Form eines leichten Unbehagens, man kann es auch als eine Art innere Disharmonie oder Dissonanz empfinden; das haben wir alle schon erlebt, doch meistens beachten wir es nicht, zumal es nur kurz auftritt, eine, zwei Sekunden, und gleich wieder verschwindet.

• Ein ungutes Gefühl ist eine deutlichere Form; hierbei sollten wir jedoch sorgfältig prüfen, ob es nicht etwa von Angst begleitet wird, weil es sich dann um eine Stimme aus dem Unbewussten oder des Ego handelt. Im Zweifelsfall scheint es indes ratsam, dieses Gefühl ernst zu nehmen, es hat schon manche Menschen vor Unheil bewahrt.

• Die Unlust oder Unentschlossenheit, etwas zu tun, kann ebenfalls ein Hinweis der Seele sein, es besser bleiben zu lassen; durch Ehrlichkeit uns selbst gegenüber müssen wir aber ausschließen, dass das Ego mit seiner Trägheit, Nachlässigkeit oder Angst dahintersteckt.

• Obwohl die Seelenstimme in der Regel schweigt, wenn sie nichts einzuwenden hat, schenkt sie uns manchmal während des Denkens, Redens oder Handelns ein Gefühl der Sicherheit, Zuversicht, Klarheit, wir *wissen* einfach, dass wir es richtig machen. Dazu gehören auch die Situationen, in denen wir einen Antrieb spüren oder etwas ganz selbstverständlich tun oder sagen, ohne nachzudenken, wenn es von selbst oder wie von innen kommt. Der Verstand beginnt daraufhin gern, diese Gewissheit zu hinterfragen, und versucht möglicherweise, sie mit Argumenten zu widerlegen.

• Noch zwei Hinweise: Die Seelenstimme nehmen wir jeweils dann nicht wahr, wenn wir von starken Gefühlen überflutet werden, uns in einem emotionalen Ausnahmezustand befinden oder auch bei intensiven Körperempfindungen wie Schmerz. Zudem meldet sie sich selbstverständlich *nicht*, handeln wir bewusst, willentlich – in juristischem Sinn *vorsätzlich* – unrecht, falsch, böse.

Die Hindernisse: Zweifel und Angst

Wie gesagt: Die Seelenstimme meldet sich von sich aus, wenn sie uns davon abhalten will, das zu denken, zu sagen oder zu tun, was wir gerade beabsichtigen oder bereits begonnen haben. Hören wir sie, sollten wir ihr unbedingt gehorchen und innehalten. Dabei stehen uns oft unsere Zweifel im Weg. Wir sind es gewohnt und es entspricht unserer Erziehung, nur auf den Verstand zu bauen, sodass wir Mühe haben, vagen Empfindungen zu vertrauen. Zudem haben wir Angst, «falsch» zu handeln, weil wir die Konsequenzen fürchten. Ich erinnere daran, dass diese Angst grundlos ist: Die Folgen des Handelns hängen nicht von uns ab, sondern es kommt stets alles so, wie es das Schicksal, das Göttliche oder wie man es nennen mag, will und wie es für uns selbst und alle Beteiligten gut ist. Ferner verweise ich auf Schritt 1 (Hab Mut zur Selbstliebe).

Die Stimmen des Ego

Völlig unberechtigt sind unsere Zweifel allerdings nicht: Leider kommt nicht jede Stimme aus der Seele. Wir vernehmen ebenso die verschiedenen Stimmen des Ego. Nachfolgend einige Hinweise, wie sich das Ego «anhört».

• Das Ego ist, im Gegensatz zur leisen Seelenstimme, laut und deutlich, drängend, es wiederholt sich gern, beispielsweise in Form kreisender Gedanken, und es ersinnt laufend neue Argumente.

• Nicht selten spielen Emotionen mit, wie Angst, Wut, Eifersucht, aber auch Leidenschaft, überbordende Freude, ausufernde Begeisterung bis hin zur Überspanntheit. Die Seelenstimme hingegen fühlt sich ruhig und gelassen an.

• Die Seele meldet sich stets unmittelbar, schnell und kurz; gleich danach können aus dem Ego jedoch Emotionen oder Gedanken aufkommen. Diese dürfen wir keinesfalls mit der Stimme der Seele verwechseln: Nur die allererste «Botschaft» stammt aus der Seele, alles Nachfolgende kommt aus dem Ego.

Die Übungsaufgabe

Du übst, auf deine Seelenstimme zu hören und ihr zu vertrauen. Dazu gibt es nur eine Methode: auf die Seelenstimme hören und ihr vertrauen. Denn allein aus der Theorie lässt es sich unmöglich lernen. Du folgst also deinen Impulsen, handelst spontan und schaust, was dann passiert – auf das Risiko hin, dass es das Ego ist, das dich steuert.

Erkennst du dies im Nachhinein, so lernst du aus dieser Erfahrung, was du aus der Theorie offenbar nicht hattest lernen können. Mit jedem Mal unterscheidest du zuverlässiger, welche Stimme gerade zu dir spricht, und fühlst dich sicherer.

Je mehr du auf die Seelenstimme hörst und ihr vertraust, desto deutlicher spricht sie zu dir. Es wird sich in dir eine Art Warnsystem entwickeln, vergleichbar mit einer roten Warnleuchte im Auto: Etwas in dir «flackert» auf, du spürst es, empfindest es tatsächlich als ein «Stopp!», wenn du im Begriff bist, etwas zu denken, zu sagen oder zu tun, das nicht dem Willen der Seele entspricht. Das funktioniert mit der Zeit ganz automatisch, sodass du überhaupt nicht mehr daran denken musst und dich jederzeit unbeschwert verhältst. Was das Leben wesentlich leichter macht.

Die Aufgabe dieses Kapitels also in klaren Worten:
• Rede und handle, ohne dich zu kontrollieren, absolut spontan und ungezwungen, sag und tu in jeder Situation, was du in dem Augenblick möchtest, bremse dich nicht und halte nichts zurück. Hast du eine spontane Aktion oder Reaktion zwar gespürt, sie jedoch unterdrückt, solltest du diese sofort nachholen, obwohl sie dann nicht mehr wirklich spontan erfolgt.
• Sei dabei achtsam nach innen: Empfindest du das Unbehagen der Seele, diese Disharmonie oder Dissonanz, während du im Begriff bist, etwas zu sagen oder zu tun, dann halte sofort inne. Spürst du hingegen nichts, darfst du davon ausgehen, dass alles in Ordnung ist.
• Sei dir stets bewusst, dass die Seelenstimme meistens schweigt, denn sie greift ja nur ein, wenn du nicht auf dem richtigen Weg bist. Zweifle deshalb nicht an deiner inneren Führung, wenn du tage- oder wochenlang nichts «hörst», sondern freue dich darüber, dass du offenbar alles richtig machst.

Arbeitsblatt zum 10. Schritt

Der tragende Gedanke
Der Seelenstimme vertrauen bedeutet, mir selbst zu vertrauen, in jedem Augenblick tun und lassen, was ich in mir spüre; meine Seele warnt mich absolut zuverlässig, wenn ich nicht auf dem richtigen Weg bin.

Ein weises Wort
Die göttliche Führung kommt oft dann, wenn der Horizont am dunkelsten ist.
Mahatma Gandhi

Affirmationen
• Ich vertraue meiner Seelenstimme, in jeder Situation •
• Ich finde alle Antworten in mir selbst •
• Ich bin offen für meine Intuition •

Zum Umgang mit Affirmationen findest du eine detaillierte Anleitung auf Seite 16.

Mein Vorsatz für diese Aufgabe
Notiere möglichst konkret und präzise, wie die gestellte Aufgabe für dich persönlich aussieht.

_____

_____

_____

_____

_____

_____

_____

_____

_____

_____

_____

_____

Schritt 11: Denk nicht so viel.

Stell dir vor: Deine Erinnerung reicht nur noch 15 Minuten zurück und du besitzt nicht die Fähigkeit, in die Zukunft zu denken. Wie einfach wäre dein Leben! Nie wieder länger als eine Viertelstunde Schuldgefühle mit dir herumtragen wegen angeblicher Fehler. Nie wieder kreisende Gedanken über künftige Probleme, die womöglich gar nie eintreten.

Ich gebe zu, dass ich hier nur die positiven Aspekte erwähne – Lernen und Fortschritt wären natürlich auch nicht möglich, hätten wir gar keine Erinnerung an Erfahrungen und Erkenntnisse und könnten nicht vorausplanen.

Das Geheimnis des Glücks
Ein Mann fragte einmal einen alten Zen-Meister: «Wie machst du es, dass du immer so glücklich bist?»

Der Zen-Meister antwortete: «Wenn ich liege, dann liege ich. Wenn ich aufstehe, dann stehe ich auf. Wenn ich gehe, dann gehe ich. Wenn ich esse, dann esse ich.»

Der Mann sah ihn verständnislos an: «Das tue ich doch auch! Dennoch bin ich nicht glücklich.»

Der Meister erklärte lächelnd: «Gewiss liegst du, stehst auf, gehst und isst. Doch während du liegst, denkst du ans Aufstehen, und während du aufstehst, überlegst du, wohin du danach gehen wirst, und während du gehst, fragst du dich, was du essen wirst. Deine Gedanken sind ständig woanders und nicht da, wo du gerade bist. Das Leben findet aber in diesem Augenblick zwischen Vergangenheit und Zukunft statt; wenn du dich ganz darauf einlässt, kannst du glücklich werden.»

Es ist tatsächlich so: Wären wir mit den Gedanken immer nur bei dem, was wir gerade tun, so wäre kein Platz für schmerzliche Erinnerungen oder Zukunftssorgen. Wir würden in dem Moment leiden, in dem jemand etwas Verletzendes zu uns sagt, im nächsten Moment wäre der Schmerz schon vorbei. Wir wären traurig, während wir die Todesanzeige eines Verwandten lesen, und schon wieder froh, sobald wir den nächsten Brief eines lieben Freundes aus dem Umschlag nehmen. In all der Zeit, in der nichts Unangenehmes, Belastendes, Erschütterndes geschieht – und das ist doch die meiste Zeit – wären wir einfach heiter und zufrieden.

Ein wertvoller Gedanke und tausend schädliche

Die meisten Gedanken sind überflüssig: Sie beziehen sich auf vergangene oder zukünftige Dinge, die nichts mit der gegenwärtigen Realität zu tun haben. Es ist zweifellos richtig, aus Erfahrungen zu lernen und Vorhaben zu planen, und dazu müssen wir sie zuweilen durchdenken und analysieren. Doch das Gehirn fortwährend damit zu beschäftigen, bringt uns gar nichts, weil wir nur die bekannten und x-mal durchgekauten Fakten hin- und herschieben.

Besonders dann, wenn wir meinen, etwas falsch gemacht zu haben, und uns schuldig fühlen, durchleben wir die betreffende Situation wieder und wieder und wälzen Selbstvorwürfe in uns: Damit verurteilen und bestrafen wir uns mehrmals für ein und dasselbe Vergehen (kein Richter darf das!). Es ist unnötig. *Ein Mal* ehrlich erkennen, dass unsere Handlungsweise nicht korrekt war, *ein Mal* Reue empfinden, uns *ein Mal* vornehmen, es das nächste Mal besser zu machen, ist genug. Weder wird eine Tat durch Selbstzerfleischung ungeschehen, noch lässt sie sich wiedergutmachen, noch lernst du mehr daraus, wenn du sie unzählige Male gedanklich erlebst. Und dich selbst lieben, bedeutet auch: dir selbst sofort alles →verzeihen.

Analoges gilt für das gedankliche Vorwegnehmen von Zukünftigem. Sorgenvoll vorausblicken, was alles passieren könnte... Probleme zu lösen versuchen, die vielleicht gar nie auftreten... Im Kopf eine kommende Herausforderung minutiös durchgehen, überlegen, was wir sagen werden und was unser Gegenüber darauf antworten wird, was wir erwidern und und und... Wenn es dann tatsächlich so weit ist, verläuft meistens alles ganz anders.

→ Zur Selbstvergebung siehe Schritt 7, Seite 49 ff.

Die Grenzen des Denkens

«Zuerst denken, dann handeln», «auf den Gedanken bringen», «sich Gedanken machen» und viele weitere Redewendungen: Das Denken prägt unser Leben. Die meisten vertrauen ihrem Denken mehr als anderen Wahrnehmungen, zumindest wagen sie es nicht, *ohne* zu denken wichtige Entscheidungen zu treffen oder Schritte zu unternehmen.

Warum lehren uns aber die Religionen und spirituellen Wege, durch Meditation das Denken einzustellen? Warum erwächst uns aus der Stille im Kopf viel Klarheit und Gelassenheit? Weil der Verstand nicht die Quelle der Wahrheit und der weisen Unterscheidung ist, sondern nur das Instrument, um uns am universellen Wissen teilhaben zu lassen.

Solange wir unsere vernetzten Neuronen benutzen und gespeicherte, also bereits gelernte oder erfahrene Inhalte, lediglich anders kombinieren, entsteht wenig neues Wissen in uns; das Denken bewegt sich sozusagen im geschlossenen Kreis der im Gehirn enthaltenen Informationen. Erst wenn die Gedanken schweigen, können Intuitionen und Wahrheiten aus unserer Seele oder dem universellen Allwissen einfließen. Vertrauen wir darauf, dass die Antworten, die wir brauchen, im richtigen Moment eintreffen.

Generell sind dem Gehirn ja Grenzen gesetzt. Seine Kapazität, Informationen *zu speichern,* ist zwar gewaltig und wir nutzen sie bei Weitem nicht aus. Die Fähigkeit, diese Informationen *abzurufen* und innerhalb kurzer Zeit *zu verarbeiten* ist jedoch begrenzt. Im Hintergrund arbeitet das Gehirn dafür recht effizient. Nachdenken sollten wir deshalb nur bei einfacheren Entscheidungen, bei denen das Gehirn eine überschaubare Menge an Informationen verarbeiten muss und daher relativ schnell und zuverlässig zu einem Ergebnis kommen kann. Bei der Lösungssuche für komplexere Probleme ist es hingegen angezeigt, wie der Volksmund schon sagt, eine Nacht darüber zu schlafen. Das will heißen: Wir nehmen die verfügbaren Informationen auf und «vergessen» dann die Sache, geben dem Gehirn also die Gelegenheit, im Hintergrund damit zu arbeiten. So kann es aus den einzelnen Wissensbrocken ein verknüpftes Wissen bauen und eine geeignetere, klügere, sinnvollere Lösung hervorbringen.

Die Übungsaufgabe

Du stellst das überflüssige Denken ab, verweigerst dich Gedankenspiralen und inneren Dialogen, die sich mit Vergangenem oder Zukünftigem befassen.

Es ist nicht das Ziel dieser Aufgabe, von jeglichen Gedanken und Empfindungen vollständig leer zu werden wie bei der Meditation. Fang mit einem ersten Schritt an und beseitige zunächst einmal die unerwünschten, belastenden und leidvollen Gedanken, und dies jeweils sofort, kaum dass sie aufkommen.

Dazu gibt es mehrere Methoden, die du einzeln oder in Kombination anwenden kannst; finde heraus, was dir am leichtesten fällt und am besten hilft.

• Du sagst zu Gedanken und Empfindungen klar und bestimmt: «Nein! Ihr gehört nicht zu mir, weg mit euch!» und stellst dir bildlich vor, wie sie aus dir hinausgehen.

• Du stellst dir bildlich vor, wie der gegenwärtige Gedanke nicht «verweilt», sondern an dir vorbeifliegt und du, wie ein Außenstehender, ihn nur kurz und emotionslos betrachtest und dann ziehen lässt.

• Du schreibst deine quälenden Gedanken auf einen Zettel und wirfst ihn in einer Art Ritual weg (in den Müll, ins Wasser, ins Feuer, ...).

• Du rezitierst unaufhörlich ein Gebet, ein Mantra oder eine Affirmation.

• Du richtest die ganze Aufmerksamkeit auf einen beliebigen Gegenstand in deinem Blickfeld und beschreibst ihn dir gedanklich in den kleinsten Details (etwa die Maserung eines Holztisches, die fein geaderten Blätter eines Zweigs, das bunte Display des Handys, ein Gemälde, ...).

Allerdings sind Gedanken hartnäckig und kommen gern zurück. Es ist überaus wichtig, sie jedes Mal von Neuem sofort abzustellen. *Sofort*, das ist entscheidend. Erlauben wir uns nämlich, dem ersten Gedanken nachzuhängen, so geraten wir in seinen Strudel und schaffen es meistens lange nicht mehr, wieder daraus aufzutauchen.

Das ist anstrengend und du brauchst Willenskraft, Disziplin und Übung. Jedes Mal, wenn es dir gelingt, wirst du aber mit Freude feststellen, dass augenblicklich auch die mit den Gedanken einhergehenden leidvollen emotionalen Regungen verschwinden. Allein deshalb lohnt es sich, die Mühe auf dich zu nehmen und den aufkommenden Gedanken immer wieder «Nein!» zu sagen.

Arbeitsblatt zum 11. Schritt

Der tragende Gedanke
Den Teufelskreis der Gedanken und der damit zusammenhängenden leidvollen Empfindungen durchbreche ich, indem ich sie augenblicklich stoppe, emotionslos vorbeiziehen lasse oder auf anderes lenke.

Ein weises Wort
Es gibt zwei gefährliche Abwege: die Vernunft schlechthin abzulegen und außer der Vernunft nichts anzuerkennen.
Blaise Pascal

Zum Umgang mit Affirmationen findest du eine detaillierte Anleitung auf Seite 16.

Affirmationen
• Ich lasse nur positive Gedanken zu •
• Ich lebe in der Gegenwart, im Augenblick •
• Ich bin Herr über meine Gedanken •

Mein Vorsatz für diese Aufgabe
Notiere möglichst konkret und präzise, wie die gestellte Aufgabe für dich persönlich aussieht.

_____

_____

_____

_____

_____

_____

_____

_____

_____

_____

_____

Schritt 12: Sei stolz auf deine Veränderung.

In den vorangehenden Kapiteln hast du dich mit verschiedenen Aufgaben beschäftigt, von denen einige das Risiko eines Konflikts mit deinen Mitmenschen bergen: vermehrt sagen, was du denkst; Kritik aussprechen; dich spontan verhalten; die Angst zu verletzen und verletzt zu werden überwinden; Entscheidungen treffen, die deinem Umfeld nicht passen; Nein sagen; dich aus Abhängigkeiten lösen; und viele mehr.

Vermutlich hast du dabei unterschiedliche Erfahrungen gemacht. Einmal reagierte jemand unerwartet positiv. Ein anderes Mal wurde jemand wütend, aggressiv oder fühlte sich gekränkt, machte dir Vorwürfe, wandte sich vielleicht sogar gänzlich von dir ab.

Unsere Veränderung – ein Problem für die anderen
Wandeln wir uns zu selbstbewussteren, selbstbestimmten Menschen, ruft dies in anderen vielfach harsche Reaktionen hervor.

«Du hast dich sehr verändert», sagte einmal eine langjährige, recht dominante Freundin zu mir. «Aber nicht zu deinem Bessern», fügte sie bissig hinzu. Ich hatte nämlich gelernt, ihr zu widersprechen, nicht immer zu machen, was sie wollte, und zu meinen Meinungen, die sie nicht teilte, zu stehen. Unsere «Freundschaft» zerbrach damals.

Natürlich ist es für die anderen viel bequemer, wenn wir nachgiebig und angepasst sind! Wenn wir ihnen wie Schafe folgen und ihnen gehorchen. Wenn wir schweigen, anstatt uns zu wehren. Immer Ja und Amen sagen.

Diejenigen, die dir dein gestärktes Selbstwertgefühl am meisten vorwerfen und/oder nicht damit zurechtkommen, lassen sich im Wesentlichen in drei Kategorien einteilen:
• Menschen, die selber kein großes Selbstwertgefühl besitzen, dies jedoch durch Arroganz, Dominanz und gespielte Selbstsicherheit vertuschen. Sie werfen dir die neue Eigenständigkeit nicht nur vor, weil es mühsamer geworden ist, mit dir umzugehen, sondern auch, weil du ihnen laufend

vor Augen führst, was wahres Selbstwertgefühl ist – das ihnen ja fehlt. Deshalb fühlen sie sich dir unterlegen und kompensieren es mit umso heftigerer Opposition.

Denk daran, dass du diesen Menschen hilfst, wenn du dir selbst treu bleibst. Du lebt es gewissermaßen vor, bist ein Vorbild, sodass sie vielleicht irgendwann auch den Mut und den Weg finden, sich selbst zu verändern. Solange du angepasst und unterwürfig warst, hatten sie es ja nicht nötig.

• Die reinen Egoisten, die nur an sich denken, ohne Einfühlungsvermögen für die Bedürfnisse und Empfindungen anderer, dafür oft mit einem bemerkenswerten Gespür für die wunden, schwachen Punkte ihrer Mitmenschen und einer ausgeprägten Fähigkeit zu manipulieren ausgestattet.

Diese kommen mit dir gar nicht mehr zurecht. Du wirst sie durch dein Vorbild auch kaum zur eigenen Veränderung bewegen. Solche «Freunde» zu verlieren – oder sogar selber aufzugeben –, ist kein Verlust, vielmehr unerlässlich.

• Dir nahestehende Menschen, denen du etwas bedeutest und die nun erkennen, dass du nicht länger von ihnen abhängig bist. Sie befürchten, dich zu verlieren, und versuchen daher, dich zur «Umkehr» zu bewegen, indem sie dich kritisieren und angreifen. Das ist jedoch nur eine vorübergehende Erscheinung. Die wahren Freunde, die Menschen, die dich ehrlich lieb haben, mögen anfänglich Mühe bekunden mit deinem veränderten Verhalten; mit der Zeit werden sie es aber akzeptieren und schätzen, zumal du dank deines gestärkten Selbstwertgefühls wahrhaft nachgiebiger, liebevoller, entgegenkommender wirst. Das spüren auch diese zuerst noch verunsicherten und/oder besorgten Menschen und begrüßen dein neues Ich.

→ Wenn nötig, lies nochmals die Mut machenden Argumente auf Seite 18 f.

Lass dich jedenfalls →nicht entmutigen, welche Erfahrungen du im Zuge deiner Selbstveränderung auch gemacht hast und weiterhin machen wirst. Bleib dabei, halte durch – es wird sich lohnen, das weiß ich.

Einpendeln braucht Zeit
Mitunter kommt es vor, dass wir durch unser erstarktes Selbstwertgefühl für eine Weile selber zu (kleinen) Egoisten werden.

Das hat verschiedene Gründe. Zum einen ist es gewissermaßen ein Nachholbedarf: Wir haben uns so lange tyrannisieren lassen, dass wir nun selber ein bisschen tyrannisch werden könnten. Das ist absolut natürlich und es schadet denjenigen, die uns unterdrückten und dominierten, nicht, einmal zu spüren, wie es sich anfühlt.

Zum anderen haben wir einfach noch nicht das rechte Maß gefunden. Wo liegt genau die Grenze zwischen liebevoller Nachgiebigkeit und sich ausnutzen lassen? Wann sagen wir aus egoistischen Gründen Nein und wann aus unserer Seele heraus?

Zugegeben, manchmal verletzt Spontaneität, manchmal bringt sie jedoch zum Lachen... Ich selbst bin in der Zeit meiner Wandlung in so manches Fettnäpfchen getreten. Und ich habe auch verschiedenen Menschen wehgetan.

Mach dir darüber keine Sorgen. Sei weiterhin du selbst, rede und handle freimütig, wie es gerade für dich stimmt. Unmittelbar danach spürst du nämlich, ob es gut und richtig war oder nicht. So lernst du am schnellsten und findest bald zu einem gesunden Gleichgewicht.

Es ist wie beim Ausschlag eines Pendels. Früher schwang dein Pendel ganz auf die Seite der Gehemmtheit, Zurückhaltung, Unterordnung und Duldung, jetzt schlägt es zuweilen etwas zu stark auf die andere Seite aus. Eine Weile noch wird es zwischen den beiden Extremen pendeln, aber die Ausschläge werden immer kleiner, bis es schließlich in der Mitte zur Ruhe kommt.

Die Übungsaufgabe

Du hast nun eine Weile an dir gearbeitet, viele Schritte gemacht und dich bemüht. Jetzt ist es Zeit, einen Augenblick zu verweilen und Rückschau zu halten, zugleich gespannt und gelassen, selbstkritisch und nachsichtig. Keinesfalls um dich selbst zu bewerten und schon gar nicht um dich an anderen zu messen, sondern einfach um herauszufinden, worauf sich deine Anstrengungen in Zukunft hauptsächlich richten sollen.

• Lies bei den Arbeitsblättern zu den elf vorangegangenen Aufgaben nach, welchen Vorsatz du jeweils gefasst hattest und schau deine gemachten Fortschritte an.

Es geht dabei um eine ehrliche Bestandesaufnahme, ohne zu werten: «Wo stehe ich heute?» Bitte beherzige daher folgende *eindringliche* Aufforderung:

– *Keine falsche Bescheidenheit.* Du darfst vor dir selbst dazu stehen und dich darüber freuen, dass du auf deinem Weg weiter gekommen bist, und sind deine Schritte noch so klein.

– *Keine Selbsterniedrigung.* Sogar wenn du meinst, keinerlei oder wenige Fortschritte gemacht zu haben, glaube mir: Schon dadurch, dass du dieses Buch liest, also bewusst etwas zu deiner inneren Wandlung unternimmst, hast du dich verändert.

– Freue dich auf jeden Fall über das Erreichte und gräme dich nicht über das, was noch nicht immer klappt.

• Wähle dann aus den vorangehenden Aufgaben diejenige aus (eine einzige!), mit der du dich eine Weile beschäftigen willst. Es kann eine Aufgabe sein, bei der du denkst, dabei noch nicht richtig erfolgreich gewesen zu sein. Du darfst dir aber auch eine ganz leichte aussuchen, du musst nicht immer extrem intensiv an dir arbeiten. Und du darfst durchaus einfach aussetzen, Pause machen und ausruhen – und irgendwann, wenn du wieder magst, machst du weiter.

Arbeitsblatt zum 12. Schritt

Der tragende Gedanke
Meine Selbstveränderung ist für meine Mitmenschen verwirrend,
unangenehm, provozierend; manchmal schieße ich vielleicht auch
über das Ziel hinaus. Das ist in Ordnung, ich bleibe dabei, alles wird
sich einpendeln.

Ein weises Wort (diesmal mit einem Schmunzeln)
Die Menschen ändern sich und vergessen, die anderen davon in
Kenntnis zu setzen.
Lillian Hellman

Affirmationen
• Ich ändere mich mit einem Lächeln auf den Lippen •
• Ich halte an meinen Vorsätzen fest •
• Ich ändere mein Verhalten und fühle mich getragen •

Zum Umgang
mit Affirmationen
findest du eine
detaillierte Anlei-
tung auf Seite 16.

Mein Vorsatz für diese Aufgabe
Notiere möglichst konkret und präzise, mit welcher Aufgabe du in
nächster Zeit arbeiten willst.

_____

_____

_____

_____

_____

_____

_____

_____

_____

_____

_____

_____

Schritt 13: Lass in Weisheit los, aber gib nicht mutlos auf.

«Lieber Gott, gib mir den Mut zu verändern, was ich verändern kann; die Gelassenheit anzunehmen, was ich nicht verändern kann; und die Weisheit, das eine vom anderen zu unterscheiden.» Eine wichtige Wahrheit steckt in diesem in verschiedenen ähnlichen Varianten bekannten Gebet.

Die weise Unterscheidung

Manchmal wird uns vorgeworfen, oder wir werfen uns selbst vor, bei einem Unterfangen zu früh aufgegeben zu haben, nachdem nicht mehr alles glatt lief. Aber so eindeutig ist es meistens nicht: Werden uns vom Schicksal Steine in den Weg gelegt, damit wir kämpfen und dabei erstarken oder um uns zur Umkehr zu bewegen, weil wir uns gerade auf einem Irrweg befinden?

Tödlich Erkrankten beispielsweise stellt sich eine analoge Frage: Sollen sie sich mit all ihrer Kraft gegen die Krankheit wehren oder das bevorstehende Ende annehmen und die verbleibende Zeit noch sinnvoll nutzen?

Wann ist das eine, wann das andere richtig? Das ist die Schwierigkeit, mit der wir uns jeweils konfrontiert sehen. Entscheidend ist im obigen Gebet nämlich der dritte Teil: die Unterscheidung zwischen dem, was wir verändern können, und dem, was unabänderlich ist.

In jedem Fall gilt, wie immer: Für uns selbst ist ausschließlich *unsere* Wahrheit maßgebend. *Wir* entscheiden, ob wir eine Situation als veränderbar beurteilen und ob wir sie ändern wollen oder nicht. Je ehrlicher wir dabei mit uns sind, umso gewisser können wir sein, dass wir das Richtige tun. Dabei dürfen unsere Unsicherheit oder die Zweifel an unseren Fähigkeiten uns nicht beeinflussen, vor allem nicht die Angst vor dem Versagen und den Konsequenzen. Auf der anderen Seite sollten wir uns nicht von Illusionen blenden lassen, und Gemütszuständen wie Wut, Trotz, aber auch Verliebtheit oder Begeisterung stets misstrauen.

Wie gesagt, das ist manchmal schwer auseinanderzuhalten. Doch unsere Seelenstimme berät uns zuverlässig.

Das Veränderbare verändern

Fühlen wir uns in einer Situation unzufrieden oder unglücklich und verharren wir dennoch darin, dann liegt es meistens an der Angst vor Veränderung: Es ist die Angst vor einem ungewissen Ausgang oder vermeintlich voraussehbaren Konsequenzen, vor dem Scheitern – oder dem Erfolg. Es gibt keinen anderen Weg, als die Angst zu übergehen; am besten liest du zu diesem Thema nochmals den Text von Schritt 1 (Hab Mut zur Selbstliebe).

Tragend ist dabei das Urvertrauen: Wir werden durch unser Leben geführt, alles, was auf uns zukommt, hat einzig den Sinn, uns zu lehren, damit wir künftig besser mit ähnlichen Lebenslagen zurecht kommen. Je schneller wir lernen, umso schneller finden wir unser Glück. Warum sollten wir uns also fürchten?

Zudem, davon bin ich überzeugt, können wir nichts abwenden, was für uns bestimmt ist – das Leben als unsere Schule der inneren Entwicklung erspart uns auch Prüfungen nicht. Wie ein afrikanisches Sprichwort sagt: «Du kannst am Morgen noch so früh aufstehen, dein Schicksal steht immer vor dir auf».

Ich glaube aber auch fest daran, dass am Ende immer alles so kommt, wie es gut für uns und alle anderen ist.

Das Unabänderliche akzeptieren

Gleichmut ist eine der wertvollsten Eigenschaften, damit wir leicht und froh durch das Leben wandern.

Es ist wichtig, unsere Wünsche und vermeintlichen Bedürfnisse nicht überzubewerten. Wir sollen uns ernst nehmen, liebevoll mit uns umgehen, uns alles gönnen, was wir möchten und haben können. Aber nicht →daran hängen. Uns vielmehr immer wieder bewusst machen, dass es für die wahre innere Zufriedenheit nicht entscheidend ist, ob wir dieses oder jenes besitzen, ob eine Situation nun so oder anders ist. Gleichmütig zu sein, bedeutet nach der Weisheit leben: «Wenn du nicht bekommen kannst, was du liebst, dann liebe, was du hast.»

→ Siehe auch Schritt 20 über die Anhaftung, Seite 113 ff.

Auf alle Fälle gilt: Sei nie ungeduldig! Solange du dir nicht darüber im Klaren bist, ob du etwas ändern sollst und wie, bleibst du gelassen beim Alten. Es ist ja sinnlos loszustürmen, ohne die genaue Richtung zu kennen. Verharre in der Ruhe, bis du spürst, was zu tun ist, oder bis das Schicksal dir ein deutliches Zeichen gibt.

Die Übungsaufgabe

Du richtest deine Aufmerksamkeit auf die beiden folgenden Situationen:

a) *Aufgeben/nicht in Angriff nehmen*. Du merkst, dass du eine Aufgabe, ein Vorhaben, einen Plan, eine Herausforderung aufgeben oder gar nicht erst angehen willst. Oder du befindest dich in einer Lage, mit der du unzufrieden und/oder unglücklich bist, etwa am Arbeitsplatz, in der Partnerschaft, in einem Verein, am Wohnort, hast dich bisher aber nicht entschließen können, sie zu ändern.

• Typisch für diese Situation, vor Beginn oder bei auftauchenden Schwierigkeiten, sind Empfindungen des Versagens, der Mutlosigkeit, der Frustration, die sich in Gedanken oder Aussagen ausdrücken wie: «Ich kann/mag nicht (mehr)»; «Das hat doch keinen Sinn»; «Dazu fehlt mir die Energie/Tapferkeit/Willenskraft, …»; «Warum soll ich mir das antun?»; «Das schaffe ich sowieso nicht»; und ähnliche.

• Überprüfe die Situation objektiv, indem du, bildlich gesprochen, einen Schritt zurücktrittst und alles von außen betrachtest oder wie in einem Film, als ob es nicht dich, sondern einen Fremden beträfe. Entscheide daraufhin, ob sich etwas daran ändern lässt oder nicht – ganz sachlich, ohne zu berücksichtigen, ob du den Mut und die Kraft dazu aufbringst, welche Konsequenzen daraus entstehen könnten, wie andere es beurteilen würden.

• Erkennst du, dass eine Veränderung möglich ist, dann handle. Ohne Zaudern und Mutlosigkeit, aber selbstverständlich nach bestem Wissen und Gewissen. Du sollst nicht leichtsinnig alle Gebote des gesunden Menschenverstands außer Acht lassen, nur deine Angst sollst du übergehen.

• Siehst du hingegen ein, dass eine Veränderung tatsächlich nicht möglich ist, dann lass das Vorhaben los, ohne dir Vorwürfe zu machen oder Schuldgefühle zu empfinden. Und verharre gleichmütig in deiner Lage, ohne Hadern oder Verbitterung. Vertraue darauf, dass in Zukunft neue Möglichkeiten und Chancen auf dich zukommen werden.

b) Übergroßer Aufwand. Du nimmst wahr, dass du (zu) viel Energie in ein Vorhaben und/oder in die Überwindung von Hindernissen/Schwierigkeiten investierst.

• Horche gut in dich hinein und betrachte dein Vorhaben wie ein Außenstehender: Will es deine Seele wirklich? Oder ist es nur das Ego, das aus irgendeinem Grund daran haftet? Typische Symptome dafür, dass es am Ego liegt, sind:

– Deine Gedanken kreisen um das Vorhaben/Problem, du kannst sie nicht mehr stoppen, dennoch gelingt es dir nicht, *konstruktiv* nach Wegen zu suchen oder solche zu erkennen;

– du spielst in Gedanken auch Lösungen durch, von denen du weißt, dass sie gar nicht praktikabel sind;

– du vernachlässigst die übrigen Aufgaben/Pflichten, weil du dich auf diese eine Situation fokussierst;

– du spürst, dass du nur deinen Kopf durchsetzen willst;

– du hast Angst vor dem Versagen oder Fremdbewertung und willst deswegen um keinen Preis aufgeben;

– du kämpfst mit unfairen Mitteln oder rücksichtslos;

– mit deinem übermäßigen Einsatz gefährdest du deine Gesundheit/Partnerbeziehung/Freundschaften/…;

– der Gedanke an ein Misslingen ist dir unerträglich.

• Siehst du ein, dass es nur noch ein sturer Kampf des Ego mit reiner Energieverschwendung ist, dann gib dein Projekt auf und steh dazu. Es ist kein Scheitern! Es ist eine weise Entscheidung, die du aus freiem Willen triffst.

• Entspricht es hingegen tatsächlich dem Willen der Seele, dann mach mit deinem Vorhaben weiter. Versuch in diesem Fall, dich dennoch nicht darauf zu versteifen, dass es unbedingt gelingen muss, sag dir vielmehr: «Ich tue mein Bestes, doch wie das Ergebnis auch ausfällt, es wird gut für mich sein, ich akzeptiere es gleichmütig.»

Arbeitsblatt zum 13. Schritt

Der tragende Gedanke
Ich ändere, was ich ändern kann und will, und ich nehme gleichmütig an, was ich nicht ändern kann – nachdem ich ehrlich und
emotionslos in mich hineingehorcht habe.

Ein weises Wort
Alles nimmt ein gutes Ende für den, der warten kann.
Leo Tolstoi

Zum Umgang
mit Affirmationen
findest du eine
detaillierte Anlei-
tung auf Seite 16.

Affirmationen
• Ich nehme alles mit Gelassenheit an und mache das Beste daraus •
• Ich investiere meine Energie sinnvoll •
• Ich habe den Mut zur Veränderung •

Mein Vorsatz für diese Aufgabe
Notiere möglichst konkret und präzise, wie die gestellte Aufgabe
für dich persönlich aussieht.

_____

_____

_____

_____

_____

_____

_____

_____

_____

_____

_____

_____

_____

Schritt 14: Liebe bedingungslos – um dich selbst zu lieben.

Die bedingungslose Liebe ist dann nochmals Thema in Schritt 23, Seite 131 ff.

Eine Legende erzählt, dass einmal in einer engen Gasse ein wilder Elefant auf den Buddha losstürmte. Der Erleuchtete sandte dem Elefanten seine Liebe entgegen, worauf dieser sich ihm ganz zahm näherte.

Die reine Liebe ist eine gewaltige Macht, der niemand widerstehen kann. Zu wahrer Liebe sind wir tatsächlich fähig – das beweist uns der Augenblick, in dem die Liebe entspringt. Die erste Berührung der Liebe ist nämlich noch rein: Wir lieben, weil wir lieben, nicht weil wir etwas dafür bekommen, wir sind glücklich allein darüber, unsere Liebe zu fühlen, wir *sind* Liebe, mit ihrer Selbstlosigkeit und Selbstvergessenheit, Hingabe, Freigebigkeit und Geduld, ihrem Mitgefühl und Edelmut. Diese reine Liebe ist eine Kraft, die Berge versetzt, das Beste in uns fördert, uns unsere Grenzen vergessen macht, die Angst ausblendet, uns über unseren Schatten springen lässt. Dank ihr können wir über uns selbst hinauswachsen.

Keine Liebe ohne Gegenliebe

Warum herrscht aber in vielen Beziehungen – zwischen Partnern, Kindern und Eltern, Geschwistern – nicht diese →reine, wahre Liebe, sondern oft ein Kampf um die Erfüllung von Erwartungen und Forderungen, eine Auseinandersetzung voller Unverständnis und Missverständnisse? Weil die reine Liebe uns nicht genügt: Wir wollen vom geliebten Menschen mindestens so geliebt werden, wie wir ihn lieben, und ebenso viel Zuwendung und Aufmerksamkeit bekommen, wie wir selbst geben, oder mehr.

→ Die reine, wahre, bedingungslose Liebe zu unserem Partner ist das Thema meines Buches «Liebe ist kein Deal»; Info siehe Seite 152.

Doch Liebe können wir weder kaufen noch abnötigen, nicht von den Eltern, nicht von einem Partner, nicht von unseren Kindern oder von Freunden. Genau das tun wir allerdings immer wieder. Entweder versuchen wir, uns die Liebe zu verdienen, indem wir uns so verhalten, wie andere es von uns erwarten – und werden uns dabei selbst untreu, erniedrigen uns. Oder wir versuchen, Liebe zu erzwingen – genauer gesagt, die äußeren Merkmale, die wir für Liebes-

→ Unser Bemühen, Liebe zu verdienen oder zu erpressen, habe ich ausführlich erläutert in meinem Buch «Ich liebe mich selbst und mache mich glücklich»; siehe Info auf Seite 152.

beweise halten, nämlich die Erfüllung unserer Erwartungen und Forderungen. →Dazu setzen wir Druck, Manipulation, emotionale Erpressung und andere Mittel ein. Schon als Kinder praktizierten wir diese beiden Methoden: Entweder waren wir folgsam und angepasst, damit man uns lieb hatte, oder wir ertrotzten Aufmerksamkeit und Zuwendung durch auffälliges Verhalten.

Viele – wirklich viele! – Probleme und Konflikte in unseren Beziehungen zu geliebten Menschen rühren daher, dass wir Liebe bemessen, als wäre sie ein Gut, deren Wert sich kiloweise bestimmen lässt. Meinen wir, nicht genügend davon zu bekommen, reagieren wir enttäuscht, verletzt, frustriert und «rächen» uns durch Liebesentzug. Das liegt unter anderem daran, dass wir uns selbst nicht genug lieben – jedenfalls nicht genug, um auf die Liebe anderer verzichten zu können.

Das Wechselspiel von Liebe und Selbstliebe

Existiert auch kein Recht, Liebe zu bekommen, so haben wir jedoch immer das Recht zu lieben, das kann uns niemand verwehren. Man sagt ja so schön: «Liebe *schenken*». Und für ein Geschenk erwartet man keine Gegenleistung. Wir können viel Freude, Glück und Bereicherung beziehen aus der Liebe, die wir geben, selbst wenn sie nicht erwidert wird.

Liebe ist ein unendliches, unerschöpfliches Gut. Wir können sie verschenken, verschenken, verschenken, ohne dass bei uns ein «Loch» entsteht, das mit Liebe von außen gefüllt werden müsste. Im Gegenteil, es scheint ein Naturgesetz zu sein: Je mehr Liebe wir freimütig geben, desto mehr bekommen wir, aus uns selbst und von anderen. Wir bekommen meistens sogar mehr, als wir aussenden, aber nicht unbedingt vom gleichen Menschen. Denn Liebe ist universell und alles ist mit allem verbunden: Bringen wir uns in diese Einheit ein, so geben wir irgendwem und erhalten von irgendwem. Nimm deshalb alle Liebe dankbar an, die du bekommst, von wem auch immer, wann auch immer, und versteif dich weder darauf, dass sie von dort zurückkommen muss, wo du sie hingeschickt hast, noch dass ein direkter, augenblicklicher Austausch stattzufinden hat.

Eine wirksame Übung für mehr Selbstliebe besteht ja darin, nicht von der Zuneigung anderer abhängig zu sein. Das erreichen wir auch, indem wir lieben, ohne dafür Liebe zu erwarten, ohne überhaupt etwas zu erwarten. Was wir an Liebe bekommen, betrachten wir als eine wunderbare Gabe, aber wir bemühen uns nicht darum; dann fallen alle unsere Verhaltensweisen, die darauf abzielten, von uns ab.

Ein weiterer Effekt der bedingungslos geschenkten Liebe: Wir lieben uns selbst auch bedingungsloser. Wir erlernen die Selbstliebe, indem wir unsere Art, andere zu lieben, auf uns selbst übertragen. Das funktioniert gleich, wie wenn wir uns jemanden zum Vorbild nehmen: Wir achten auf das Verhalten unseres Vorbilds und ahmen es nach.

Die Übungsaufgabe

In der Regel bauen wir unsere Selbstliebe auf und stärken sie, indem wir bestimmte Verhaltensweisen verändern, die durch mangelnde Selbstliebe hervorgerufen sind. Diesmal geht es hingegen direkt um die Liebe – um die Liebe zu anderen Menschen. Wähle jetzt einen Menschen, den du liebst und von dem du geliebt werden möchtest, einen einzigen, sei es der Partner, ein Elternteil (oder beide), ein erwachsenes Kind, ein anderes Familienmitglied oder ein Freund, aber nicht eine Person, die dir gleichgültig ist oder deren Liebe du nicht begehrst.

In deiner Beziehung zu diesem Menschen achtest du nun auf die folgenden Punkte:

• Du hast keine Erwartungen und stellst keine Forderungen. Wie dieser Mensch sich auch verhält, es ändert nichts an deiner Liebe. Das musst du dir immer wieder sagen, wenn du jeweils spürst, dass du dich enttäuscht, verletzt, wütend fühlst.

• Du bewertest die Liebe dieser Person für dich nicht nach ihrem Verhalten; ebenso wenig bemisst du die Liebe, die du gibst, danach. Aufkommende →negative Gedanken, wie: «Wenn er mich liebte, dann würde er ...»; «Ich bedeute ihm nicht viel, sonst hätte er meinen Geburtstag nicht vergessen»; «Künftig gebe ich auch weniger ...», weist du ab. → Methoden, um störende Gedanken loszuwerden, findest du auf Seite 71.

• Du versuchst in keiner Weise, diesen Menschen zu ändern. Du sagst also nicht: «Trink nicht so viel, treib mehr

Sport, rede nicht so viel, sitz nicht so oft am Computer, zieh dich erotischer an, ...» Auch nicht in deinen Gedanken: «Ich wünschte, er wäre offener, weniger nörglerisch, einfühlsamer, ...» Du akzeptierst und respektierst ihn jederzeit so, wie er gerade ist.

Selbstverständlich darfst du dem geliebten Menschen sagen, wenn sein Verhalten dich verletzt, traurig oder betroffen macht; beachte dabei aber unbedingt die Regeln der Kommunikation auf den Seiten 59/60.

• Du bemühst dich, die Wünsche dieses Menschen zu erfüllen, als wären es deine eigenen. Ohne dass du dir selbst untreu wirst, wohlverstanden. Du handelst nach dem Motto: Geben ist seliger als nehmen.

Versuche dein eigenes Glück zu fühlen, wenn du siehst, dass du den anderen glücklich machst. Sei allerdings wachsam, an dieses Geben nicht wieder die Erwartung zu knüpfen, es müsse dafür etwas zurückkommen. Bekämpfe auch deine Enttäuschung, falls der geliebte Mensch nicht richtig wahrnimmt oder schätzt, was du für ihn tust.

• Als allgemeiner Tipp: Bei dieser Übung lieber einmal zu viel schweigen, als etwas Unbedachtes sagen.

Deiner bedingungslosen Liebe kann sich niemand entziehen. Je mehr du einen anderen Menschen liebst, ohne Liebe dafür zu erwarten, desto mehr liebst du dich selbst. Und je mehr du dich selbst liebst, desto leichter fällt es dir wiederum, andere zu lieben, und umso mehr wirst du von anderen geliebt. Einer der wichtigsten Schlüssel zur Selbstliebe, zu harmonischen zwischenmenschlichen Beziehungen und zum eigenen Liebesglück.

Arbeitsblatt zum 14. Schritt

Der tragende Gedanke
Indem ich liebe, ohne etwas dafür zu erwarten, und nicht länger
von der Liebe und Zuwendung anderer abhängig bin, stärke ich
die Liebe zu mir selbst.

Ein weises Wort
Wer sich selbst nicht auf die rechte Art liebt, kann auch andere nicht
lieben. Denn die rechte Liebe zu sich ist auch das natürliche Gutsein
zu anderen.
Robert Musil

Affirmationen
• Ich liebe bedingungslos •
• Ich bin offen für die Liebe meiner Mitmenschen •
• Ich nehme meine Lieben an, wie sie sind •

Zum Umgang
mit Affirmationen
findest du eine
detaillierte Anlei-
tung auf Seite 16.

Mein Vorsatz für diese Aufgabe
Notiere möglichst konkret und präzise, wie die gestellte Aufgabe
für dich persönlich aussieht.

_____

_____

_____

_____

_____

_____

_____

_____

_____

_____

_____

Schritt 15: Leg den Schutz von Normen und Regeln ab.

In diesem und im nächsten Schritt gehst du das Thema des inneren Gesetzbuches und des inneren Richters an. Ich halte es für so bedeutend und entscheidend für die Stärkung der Selbstliebe, dass ich ihm zwei Kapitel – und zwei Aufgaben – widme.

Die Verantwortung für das eigene Leben
In Bezug auf das Zusammenleben in einer Gemeinschaft gibt es nur wenige überzeugte Anarchisten; die meisten Menschen glauben, dass es ohne Regierung und Gesetze nicht funktionieren kann und im Chaos, mit Mord und Totschlag enden würde.

Viele Menschen wünschen sich indes auch für ihr individuelles Leben Gebote und Verbote, Normen und Regeln. So erstaunlich ist es nicht: Würden nicht wir alle in jedem Moment gerne verbindlich wissen, was «richtig» und was «falsch» ist, was wir dürfen und was nicht, was wir tun und was wir lassen sollen, um glücklich zu werden? Wünschten nicht wir alle uns unmissverständlich definierte Grenzen, innerhalb derer wir uns sicher bewegen können? Ist der Entscheidungsspielraum klar abgesteckt, so wird der freie Wille eingeschränkt, was uns im Grunde genommen nicht gefallen sollte. Aber – es gefällt uns doch, meistens unbewusst, denn es nimmt uns einen Teil der Verantwortung ab. Solange wir nur das machen, «was man darf», und unterlassen, «was man nicht darf», müssen wir keine Verurteilung durch unser Umfeld befürchten. Wir haben ja das «Richtige» getan, wir können nichts dafür, falls das Ergebnis nicht den Erwartungen entspricht. Das bewahrt uns auch vor Selbstvorwürfen und Schuldgefühlen.

Daher ziehen manche Menschen ein Fremdbestimmungs-Gefängnis der Eigenverantwortungs-Freiheit vor. Es sind diejenigen, die sich selbst nicht vertrauen und die Konsequenzen ihres Tuns und Lassens fürchten. Wie Konstantin Wecker es treffend in einem seiner Lieder ausdrückte: «Nur die sich misstrau'n, brauchen Normen zum Sein».

Das innere Gesetzbuch

Offizielle und ungeschriebene Gebote und Verbote, ethische und moralische Konventionen zu beachten, ist natürlich nicht zwangsläufig falsch. Diese Regeln bestimmen allerdings nur einen äußeren, grob abgesteckten Rahmen des Handelns. Im Einzelnen werden wir hingegen gesteuert von den Vorstellungen und Vorschriften, die in uns selbst eingeprägt sind. Anders als bei rechtlichen Verboten, bei denen wir immerhin die Möglichkeit haben, sie zu hinterfragen und willentlich zu übertreten, können wir beim inneren Gesetzbuch nicht frei entscheiden, ob wir es (noch) als sinnvoll erachten und ihm gehorchen wollen, da es in unserem Unbewussten verborgen und nicht ohne Weiteres zugänglich ist. Der innere Kodex ist also weitaus mächtiger als alle äußeren Gebote und Verbote. Ihn ins Bewusstsein zu holen und kritisch zu durchleuchten, ist aus den folgenden Gründen wichtig:

• Wir haben ihn nicht freiwillig gewählt, vielmehr wurde er in uns «eingepflanzt»; er enthält die Vorschriften, die wir als Kinder befolgen mussten, um uns angenommen und geliebt zu fühlen («Das darfst du nicht tun», «Das musst du machen»), wovon manche nie nützlich waren und nur den persönlichen Vorlieben unserer Bezugspersonen entstammen, andere längst überholt sind.

• Dadurch beeinflusst der innere Kodex unser Wertesystem, also was wir für schön oder hässlich, für gut oder böse, für erstrebenswert oder nicht erwünscht halten. Zusammen mit den in uns gespeicherten Urteilen, die Menschen über uns gesprochen haben («Dafür bist du zu unbegabt», «Du bist zu dick», «Du bist ein Angsthase»), prägt er unser Bild eines «perfekten Menschen», dieses Vollkommenheitsideal, das wir verfolgen und niemals erreichen.

• Somit zeichnet der innere Kodex verantwortlich für viele Selbstvorwürfe, Schuldgefühle, Versagensängste und weitere negative Empfindungen.

• In der Folge führt er ebenfalls dazu, dass wir uns durch unseren inneren Richter selbst verurteilen und bestrafen für unsere Unvollkommenheit: Wir halten uns für wertlos, lieben uns selbst nicht und können die Liebe und Zuwendung anderer nicht annehmen.

• Durch dieses innere Glaubenssystem sehen wir nicht die Wirklichkeit unseres Selbst und unseres Umfelds, sondern stützen uns auf ein im Unbewussten konstruiertes Bild, das weitgehend unsere Einstellung und unser Urteil über andere prägt. Folglich auch unser Verhalten ihnen gegenüber – ohne dass wir willentlich etwas daran ändern könnten. Und dann wundern wir uns zuweilen darüber, warum wir durch Forderungen, Nörgelei und ähnliche Unarten immer wieder Konflikte provozieren und sogar Beziehungen zerstören.

Die Übungsaufgabe

Wollen wir wirklich wir selbst sein – authentisch, selbstbestimmt und selbstverantwortlich –, müssen wir uns diesen inneren Kodex bewusst machen und daraufhin daran arbeiten, unser unfreiwillig geprägtes Denken und Handeln zu verändern. Wir sollen zu inneren Anarchisten werden! Das ist nicht einfach, weil wir schnell in unbewusste Muster fallen. Deshalb holen wir den Kodex jetzt in Form einer Imagination vor unser geistiges Auge und gehen erst im nächsten Schritt an das konkrete Üben im Alltag heran.

Die Imaginationstechnik wurde von C.G. Jung in die Psychotherapie eingeführt und ist Bestandteil verschiedener, meist tiefenpsychologisch ausgerichteter Therapieformen. Imaginationen, zu denen beispielsweise auch das autogene Training gehört, stellen eine Verbindung zwischen Bewusstsein und Unbewusstem her. Zuerst stellen wir uns eine Situation willentlich vor, beginnen vor dem geistigen Auge eine vorgegebene Geschichte und lassen ihr dann in einer meditativen Ruhe freien Lauf, sodass mehr und mehr Bilder, Einblicke, Empfindungen auftauchen. Sie können uns helfen, neue Erkenntnisse zu gewinnen, Blockaden zu lösen und angestrebte Selbstveränderungen positiv zu erfahren und zu fördern. Geh dabei wie folgt vor:

• Lies zuerst den Ablauf der Imagination auf der nächsten Seite ganz durch und präge dir die wesentlichen Punkte ein. Wenn Du daraufhin mit der Imagination beginnst, setzt du dich gemütlich hin (verzichte auf die unbequemen Stellungen der Meditation, wie den Yogasitz) und schließ die Augen. Versetz dich gedanklich, vor allem aber bildhaft in die Situation der Imagination.

- Folge den Bildern, die aus deinem Innern aufsteigen; blocke diese nicht ab, beobachte, erlebe… Lass dich ruhig vom Ablauf deiner eigenen Geschichte leiten, generell und besonders dann, wenn du dich nicht mehr an alle Einzelheiten erinnerst, die du dir vorher eingeprägt hast.
- Beginnen die Bilder zu verblassen oder nehmen fremde Gedanken überhand, kommst du in die Realität und Gegenwart zurück. Lass dir dabei Zeit, spüre mit offenen oder geschlossenen Augen nach. Achte darauf, auch deinen Körper wieder zu empfinden, nimm bewusst deine Beine und Arme wahr, den Kontakt mit der Unterlage, und bewege deine Glieder sanft, bevor du aufstehst.
- Vertiefe dich mehrmals in die folgende Imagination, mindestens drei- bis viermal im Lauf der nächsten Wochen.

Ablauf der Imagination
- *Ich befinde mich an einem vertrauten Ort in der Natur (Blumenwiese, Strand, Berg, …); hier fühle ich mich sicher und geborgen, ich spüre die Ruhe um mich und in mir.*
- *Ich bin wieder das kleine Kind und sehe meine Mutter (Vater, Lehrer, …) auf mich zukommen; dann bleibt sie vor mir stehen, schaut mich ernst, vielleicht böse an und sagt: «Das macht man nicht.»*
- *Von da an lasse ich die Imagination sich selbst entwickeln und eine nach der anderen meine inneren Normen und Regeln der Kindheit auftauchen (eventuell kommen dann auch andere Autoritäts- oder Bezugspersonen wie Verwandte und Lehrer auf mich zu) – alle «Das macht man nicht», «Du darfst nicht», «Du musst», die mir eingetrichtert wurden. Ich erlaube auch Bewertungen über mich aufzusteigen, wie: «Du bist ein Versager» und allgemeine Werturteile, wie: «Nur wer seine Gefühle nicht zeigt, wird respektiert» und weitere analoge Aussagen.*
- *Jeden einzelnen dieser Glaubenssätze, wie er nach und nach in mir hochkommt, sehe ich als schwarzen mich umhüllenden Schleier. Ich ziehe ihn weg und halte ihn in den Wind, der ihn fortweht. Ich schaue ihm nach, bis er am Horizont verschwindet, und ich weiß: Diesen Glaubenssatz bin ich für immer los!*

Arbeitsblatt zum 15. Schritt

Der tragende Gedanke
Bestimmend für mein Denken und Handeln ist mein inneres Gesetzbuch, das im Unbewussten gespeichert ist. Ich mache es bewusst, hinterfrage jeden einzelnen Glaubenssatz und lasse ihn los.

Ein weises Wort
Moralische Normen sind bloße Erfindungen der Gesellschaft, um das Individuum zu unterjochen.
Jiddu Krishnamurti

Zum Umgang mit Affirmationen findest du eine detaillierte Anleitung auf Seite 16.

Affirmationen
• Ich übernehme die Verantwortung für mein Leben •
• Ich bin mein eigener Gesetzgeber •
• Ich vertraue ausschließlich meiner Seelenstimme •

Normen, Regeln und Bewertungen, die ich während der Imagination angeschaut und als unnötig oder schädlich erkannt habe:

_____

_____

_____

_____

_____

_____

_____

_____

_____

_____

_____

_____

Schritt 16: Brich mit dem inneren Gesetzbuch.

Im letzten Schritt hast du dich meditativ mit den Normen, Regeln und Bewertungen auseinandergesetzt. Jetzt übst du in der Praxis, dich von Glaubenssätzen und Prägungen zu lösen; konkret geht es darum, die durch den inneren Kodex bestimmten Verhaltensweisen zu ändern.

Alte Muster und Wertesysteme

Jeder Mensch ist ein einzigartiges Individuum mit einzigartigen Anlagen und →Lebensaufgaben. Weil man uns jedoch Werte und Bewertungen aufzwang, verschüttete man teilweise unsere natürlichen Neigungen, die seither danach drängen, sich zu manifestieren und zu entfalten.

→ Das Thema der Lebensaufgabe habe ich in meinem Buch «Der Sinn des Lebens und die Lebensschule» behandelt; Info siehe Seite 154.

Unsere Prägungen entstanden unter anderem, indem wir beobachteten, wie die Menschen, die wir liebten und die uns deshalb als Vorbild und Maßstab dienten, sich verhielten. Wenn sich ein Mann beispielsweise von älteren Menschen, die nicht mehr auf ihre körperliche Hygiene achteten, jeweils angeekelt abwandte, so wird sich sein Sohn beruflich kaum der Altenpflege zuwenden. Äußerte sich eine Mutter wiederholt abschätzig über die schmuddelige, unordentliche Wohnung einer Nachbarin, so hat die Tochter als Erwachsene vermutlich keine Ruhe, bis sie das letzte Staubkorn von den Möbeln gewischt hat. Und bricht jedes Mal einen Streit vom Zaun, wenn der Partner die Jacke auf den Stuhl wirft, anstatt sie an der Garderobe aufzuhängen.

Es kommt natürlich auch vor, dass wir uns zum exakten Gegenteil unserer Bezugspersonen entwickeln, da wir in ihnen negative Vorbilder sehen und uns dagegen auflehnen, etwa dass das Kind extrem unordentlicher Eltern zum Ordnungsfanatiker wird und umgekehrt. Dies ist aber ebenfalls nur ein durch das Umfeld aufgezwungenes Muster und muss nicht unbedingt dem wahren Wesen entsprechen.

Zum Problem wird unser inneres Gesetzbuch unter anderem dann, wenn wir daran das Verhalten geliebter Menschen messen und ihre Liebe zu uns dementsprechend bewerten. Als Beispiel die Frau, die pedantisch ordentlich ist.

Sie denkt: «Wenn er mich wirklich liebte, müsste er seine Unordentlichkeit doch in den Griff bekommen.» Der Partner, der in einem schlampigen Haushalt aufgewachsen ist, versteht aber nicht, warum Ordnung ihr so viel bedeutet und sie so ein Drama daraus macht, wenn er seine Jacke nicht brav aufhängt. Bestimmt fragt er sie früher oder später danach. Weil diese Werte jedoch in ihrem Unbewussten eingraviert sind und sie diese nie überdacht und bewusst angenommen hat, ist sie nicht in der Lage, ihm einen nachvollziehbaren Grund zu nennen. Sie wird ihm etwa antworten: «Das gehört sich einfach nicht», oder: «Das sieht nicht schön aus», oder: «Ich mag keine Unordnung.»

Sofern sie achtsam und ehrlich mit sich ist, fragt sie sich in dem Moment selbst: «Weshalb ist mir das eigentlich so wichtig? Was ist so schlimm daran, wenn seine Jacke auf einem Stuhl liegt?» Und findet keine vernünftige Antwort darauf. Die logische Konsequenz: Sie hört auf, übermäßige Ordentlichkeit zu fordern, und ist auch mit sich selbst nicht länger so pedantisch. Das ist der Idealfall – doch leider eher selten. Meistens pochen wir einfach auf die Einhaltung unserer unbewussten Gesetze.

Viele zwischenmenschliche Probleme ließen sich allerdings vermeiden, hätten wir stets vor Augen, dass unser eigenes Verhalten und das der Mitmenschen teilweise durch unbewusste Muster geprägt ist. Wir würden dann aufhören, von anderen zu fordern, was sie nicht leisten können. Wie sollte jemand, der in einem Umfeld emotionaler Kälte aufgewachsen ist, über seine Gefühle reden oder sie spontan zeigen können? Jemand, der prüde und lustfeindlich erzogen wurde, sich freizügigeren Sexualpraktiken hingeben? Jemand, der konsequente Selbstdisziplin vorgelebt bekam und fortwährend dazu ermahnt wurde, Verständnis haben für Menschen mit harmlosen Schwächen wie Maßlosigkeit beim Essen oder Fernsehen?

Selbstverständlich können auch die Mitmenschen sich ändern und wir dürfen sie darauf hinweisen. Doch niemals können *wir* sie ändern, sie können es nur selbst, im gleichen anstrengenden, langwierigen Prozess, wie wir ihn bei uns kennen. Wir brauchen Geduld und Toleranz und dürfen ihre Liebe für uns nicht an ihrem Verhalten messen.

Die Übungsaufgabe

Als Kinder hatten wir wenig Möglichkeiten, die uns vorge-
lebten und auferlegten Wertvorstellungen zu hinterfragen
und gegebenenfalls zu verwerfen; wir nahmen sie einfach
in uns auf. Sie setzten sich hartnäckig im Unbewussten fest
und sanken mit den Jahren in tiefere Schichten.

Als Erwachsene haben wir hingegen die Chance, unser
Wertesystem und den inneren Kodex an die Oberfläche zu
befördern und zu ändern.

Es geht darum, dass du im täglichen Leben alle Werturteile, Normen und Regeln kritisch betrachtest, vor allem
diejenigen, die du nach der Imagination von Kapitel 15 auf
dem Arbeitsblatt aufgeschrieben hast. Dann kannst du dich
gewissermaßen neu programmieren mit den Inhalten, die
du für wirklich sinnvoll und für deine eigenen hältst. Oder
noch besser: keinen neuen Kodex prägen, ein «unbeschrie-
benes Blatt» bleiben und in in jeder Situation, in jedem
Augenblick nur auf deine Seelenstimme hören. Ein fest-
geschriebenes Gesetz ist überflüssig, du brauchst es nicht.

Werturteile

Jedes Mal, wenn du dich dabei ertappst, eine Situation, eine
Verhaltensweise, eine Meinung (eigene oder fremde) zu be-
oder verurteilen, hinterfragst du dein Urteil:
• Warum bewerte ich die betreffende Eigenschaft/Verhal-
tensweise/Meinung so? Warum ist es mir wichtig? Wie wäre es, wenn ich genau umgekehrt denken würde?
• Nur wenn deine Antwort eindeutig und begründet ist,
behältst du dieses Werturteil in deinem inneren Gesetzbuch. Andernfalls bemühst du dich jedes Mal, wenn du in
die betreffende Bewertungssituation gerätst, dein Urteil zu
revidieren. Übe vor allem Toleranz dir selbst und anderen
gegenüber. Die Dinge sind nicht schwarz oder weiß, es exis-
tieren unendlich viele Grautöne.

Eigene Verhaltensweisen

Du bist wachsam für alle Normen, Regeln, Gebote, Verbote,
denen du im Alltag begegnest und die du unüberlegt be-
folgst, ganz besonders für diejenigen, die du nach der Imagination im vorangehenden Schritt notiert hast.

- Du fragst dich jedes Mal, ob der betreffende Glaubenssatz für dich stimmt; falls du es verneinst, setzt du dich darüber hinweg, ohne Angst, verurteilt zu werden. (Das ist selbstverständlich kein Aufruf, Gesetze zu brechen. Handle immer eigenverantwortlich; Anstand und Rücksichtnahme sollen ebenfalls gewahrt bleiben.)
- Erlaube niemandem, für dich Regeln, Gebote und Verbote aufzustellen. Hab den Mut, auf dich selbst zu hören, verhalte dich in jedem Augenblick, wie du es spürst, auf das Risiko hin, jemanden zu verärgern.
- Halte dich nicht ständig zurück, aus Angst irgendwelche Normen und Konventionen zu verletzen und dafür verurteilt zu werden, lass deine Worte und Handlungen spontan fließen, hör auf, dich fortwährend zu kontrollieren.
- Überschreite die einengenden Grenzen der Konventionen und ungeschriebenen Gesetze, all dieser «Das gehört sich nicht», «Das tut man nicht», «Das darf man nicht», «Das soll man», «Das muss man»: Es gibt nichts, das *man* nicht tut, nichts, das *man* nicht darf, nichts, das *man* muss; alles ist dir erlaubt, wenn deine Seelenstimme sich nicht dagegen ausspricht. Denk immer daran: Du bist ein einzigartiges, freies Individuum, nicht dieses undefinierte *«man»*.

Abschließend noch eine wichtige Bemerkung: Auch neue, selbstgewählte Normen und Regeln gelten nicht in jeder Situation und nicht für immer. Jeder Moment ist einmalig und alles befindet sich in stetigem Wandel.

Arbeitsblatt zum 16. Schritt

Der tragende Gedanke
Alle Werturteile, Normen, Regeln, Gebote und Verbote beobachte
und hinterfrage ich in konkreten Situationen kritisch und erhalte sie
nur aufrecht, wenn ich sie bewusst bejahe und als sinnvoll erachte.

Ein weises Wort
Man muss sich selbst ein Licht sein; dieses Licht ist das Gesetz.
Alle anderen Gesetze sind Produkte des Denkens und daher
fragmentarisch und widersprüchlich.
Jiddu Krishnamurti

Affirmationen
• Ich lasse mein Wertesystem los und bin frei •
• Ich überschreite freudig Grenzen •
• Ich vertraue bedingungslos meiner Seelenstimme •

Zum Umgang mit Affirmationen findest du eine detaillierte Anleitung auf Seite 16.

Mein Vorsatz für diese Aufgabe
Notiere möglichst konkret und präzise, wie die gestellte Aufgabe
für dich persönlich aussieht.

_____

_____

_____

_____

_____

_____

_____

_____

_____

_____

_____

_____

Schritt 17: Lebe ohne Lüge.

Die letzten Schritte waren anspruchsvoll und intensiv, bezogen sie sich doch auf verschiedene Muster gleichzeitig. Diesmal geht es wieder um eine einzige Verhaltensweise, die auf mangelnde Selbstliebe hindeutet.

Du sollst nicht lügen!
Das achte der Zehn Gebote aus der Bibel steht gleichwertig neben anderen wie: «Du sollst nicht stehlen» und «Du sollst nicht töten». Während die meisten Menschen diese beiden auch außerhalb des religiösen Kontextes als ethische Werte befürworten, nehmen sie es mit der Wahrheit oft nicht so genau. Woher stammt diese Ansicht, die Lüge – zumindest die «harmlose» – sei ein Kavaliersdelikt? Vielleicht daher, dass wir meinen, dadurch keinen Schaden anzurichten, manchmal sogar jemandem einen Schmerz zu ersparen.

Aufrichtigkeit ist indes eine wichtige Tugend, um Ängste zu überwinden und die Selbstachtung zu wahren. Die Aufrichtigkeit dient aber besonders auch den Mitmenschen: Wie sollen sie sich entwickeln, wenn niemand sie auf ihre Unzulänglichkeiten hinweist und keiner ihnen die Chance gibt, mit einer bitteren Wahrheit, mit Verletzungen umzugehen und daran zu wachsen? *Auf-richtig* sein bedeutet wörtlich: Mitmenschen durch unsere Worte oder Taten *aufzurichten*, während unser Schweigen und unsere Lügen sie *erniedrigen* und weiterhin in der Unwissenheit unten halten. Vertrauen wir also darauf, dass die Wahrheit uns guttut und anderen hilft.

Warum lügen wir denn überhaupt? Warum sagen wir nicht immer schlicht die Wahrheit? Das wäre doch viel einfacher – bloß sagen, wie es ist, nichts erfinden müssen, das Risiko aufzufliegen nicht eingehen...

Meistens lügen wir aus Angst. Wir stehen nicht zu uns selbst, zu dem, was wir denken, zu dem, was wir tun: aus Angst vor dem Urteil der Mitmenschen; Angst davor, ihre Wertschätzung, Anerkennung, Sympathie, Liebe zu verlieren; Angst vor Vorwürfen oder einem Konflikt; Angst, einen Nachteil in Kauf nehmen zu müssen oder einen Vorteil zu verlieren; Angst, den Ansprüchen anderer nicht zu genügen und sie zu enttäuschen oder zu verletzen. Möglicherweise beruht jede Lüge, gehen wir ihr auf den Grund, auf irgendeiner unserer vielen Ängste und/oder auf einem Mangel an Selbstwertgefühl.

Wir sind es tatsächlich so gewohnt, es mit der Wahrheit nicht allzu genau zu nehmen, dass uns Lügen ganz spontan und leicht über die Lippen kommen. Es sind dies meistens keine schwerwiegenden Unwahrheiten, sondern eine Übertreibung hier, eine Auslassung dort, das Ausschmücken von Erlebnissen, eine erfundene Ausrede oder Begründung...

Dennoch ist es eine schlechte Gewohnheit, und wir sollten uns darum bemühen, sie loszuwerden. Selbst wenn wir anderen Menschen dadurch keinen Schaden zufügen, so ist das Lügen nachteilig für uns selbst. Wir zeigen uns dabei nämlich nicht, wie wir wirklich sind, wir halten eine Maske aufrecht, was uns unnötig Energie kostet.

Wie bei allen Verhaltensmustern bedarf es der Achtsamkeit, wollen wir dieses automatische Lügen aufgeben: Wir müssen unsere Worte sorgfältig wählen. Anfänglich werden wir es meistens erst merken, wenn wir die Lüge bereits geäußert haben; dann sollten wir die Aussage zurücknehmen und berichtigen. Auch eine Lüge zuzugeben, ist eine wirksame Übung für unser Selbstwertgefühl und unseren Mut.

Die Grenze zwischen Wahrheit und Lüge
Es gibt eine wahrheitsgetreue, nicht zu missverstehende Art, etwas mitzuteilen, und es gibt eindeutige Lügen mit der Absicht, die Wahrheit zu verheimlichen. Dazwischen liegen unzählige Graustufen. Dazu gehören:
• *Anspielungen.* Möchten wir etwas mitteilen, trauen uns aber nicht, äußern wir es verschlüsselt oder nur bruchstückhaft. Wir können danach jederzeit behaupten, es ganz anders gemeint zu haben.
• *Herausgerutschtes.* Reizt es uns, etwas loszuwerden, obwohl wir genau wissen, dass wir es für uns behalten sollten, beispielsweise weil es beleidigend oder verletzend ist und dem anderen nur schadet oder ihn belastet, so lassen wir es entschlüpfen. Daraufhin können wir es zwar nicht zurücknehmen, gesagt ist gesagt, uns jedoch gewissermaßen rein-

waschen – und das ist die Lüge –, indem wir uns entschuldigen: «Sorry, es ist mir herausgerutscht» oder es scheinbar ungeschehen machen: «Vergiss, was ich gesagt habe».

• *Geschickte Formulierungen und Verschweigen.* Bei vielen Aussagen lässt sich durch die Wortwahl oder das Auslassen von Fakten eine richtige Lüge vermeiden. Solche Teilwahrheiten finden wir gern in der Politik und bei Interessenvertretern.

• *Humor, Ironie.* Eine weitere Methode, etwas nicht klar zu sagen, besteht darin, es scherzhaft oder ironisch zu äußern. Den Gesprächspartner versetzen wir damit in eine schwierige Lage: Er weiß nicht, ob er es ernst nehmen soll oder nicht. Und wir können uns jederzeit herausreden mit einem «Es war nur Spaß!» oder «Es war doch ironisch gemeint!». Das ist eine unfaire Art der Kommunikation. Selbstverständlich lässt sich eine harte Aussage durch Humor entschärfen, was durchaus zu begrüßen ist. Solange über deren Inhalt keine Zweifel oder Missverständnisse aufkommen können und nichts ins Lächerliche gezogen wird.

• *Nonverbale Schwindelei.* Wir versuchen einen Eindruck zu erwecken, der nicht den nackten Tatsachen entspricht, beispielsweise wenn wir beim Vorbeigehen an einem Straßencafé den Bauch einziehen.

Es geht hier nicht darum, ob es sich dabei um echte Lügen handelt und wie verwerflich diese Art und Weise generell ist, sondern um das Selbstwertgefühl und die Selbstliebe: Wir müssen den Mut aufbringen, uns so zu zeigen, wie wir sind, und die Beurteilung der Mitmenschen nicht fürchten.

Berechtigte Lügen?
Die Frage, ob es gerechtfertigt sein kann zu lügen, lässt sich nicht allgemein beantworten – das Leben ist nicht so starr und gesetzmäßig, wie wir es gern hätten, es gibt kein absolutes Richtig und kein absolutes Falsch. Ein Bekannter von mir, der oft geschäftlich auf Reisen war, schickte seiner ängstlichen Frau jeweils ein SMS, er sei gut am Ziel angekommen, obwohl er noch im Stau steckte. Dadurch wollte er ihr ersparen, sich noch einige Stunden länger Sorgen zu machen. Weil er sie liebte, aus keinem anderen Grund.

Begegnen wir allen Menschen mit einer wohlwollenden Haltung, die auf Respekt und Empathie beruht, und unterwerfen wir uns nicht unseren Ängsten, so können wir nichts falsch machen, denn die Seelenstimme wird uns in jeder einzelnen Situation leiten.

In diesem Zusammenhang will ich dir noch einen Denkanstoß geben: Fühlst du dich nicht verletzt oder erniedrigt, wenn du angelogen wirst, und sei es auch aus «edlen» Motiven? Wahrscheinlich schon. Warum glaubst du dann aber, das treffe für andere nicht zu und sie wollten lieber eine Lüge hören als die Wahrheit, selbst wenn diese ein bisschen schmerzt?

Die Übungsaufgabe

Versuch einmal, einen ganzen Tag lang keine einzige Unwahrheit zu äußern. Nimm es dir gleich am Morgen nach dem Aufwachen vor: «Heute sage ich *ausschließlich* die Wahrheit.»

Ist es dir dann an einem Tag (einigermaßen) gelungen, erholst du dich einige Tage lang von dieser anstrengenden Achtsamkeit und fasst danach wieder den gleichen Vorsatz. Und so fort, bis die Wahrheit dir zur Gewohnheit wird. Konzentriere dich insbesondere auf Folgendes:

• Achte – außer auf eindeutige Lügen – speziell auf Unter- und Übertreibungen und Beschönigungen; auf Formulierungen, die zu falschen Schlüssen führen sollen/könnten; auf Aussagen, die gewollt unpräzis sind oder Wesentliches verschweigen; auf Lügen, die dir leichtfertig, voreilig entschlüpfen; auf Notlügen und harmlose Schwindeleien.

• Willst du eine Frage nicht beantworten, so kommunizierst du es klipp und klar; es ist besser zu schweigen als zu lügen.

• Hast du eine Unwahrheit geäußert und merkst es, berichtigst du den Sachverhalt sofort. Scheu dich nicht zuzugeben: «Was ich soeben gesagt habe, stimmt nicht. Es ist in Wirklichkeit ...»

Arbeitsblatt zum 17. Schritt

Der tragende Gedanke
Ich sage nur die Wahrheit, klar und unmissverständlich – außer
meine Seelenstimme meldete sich, um mich daran zu hindern.

Ein weises Wort
Wahrheit ist, was anderen Wesen hilft. Und so ist Falschheit das,
was nicht hilfreich ist.
Nagarjuna

Zum Umgang
mit Affirmationen
findest du eine
detaillierte Anleitung auf Seite 16.

Affirmationen
• Alles, was ich sage, entspricht der Wahrheit •
• Ich bin aufrichtig zu meinen Mitmenschen •
• Ich stehe zu dem, was ich denke, sage und tue •

Mein Vorsatz für diese Aufgabe
Notiere möglichst konkret und präzise, wie die gestellte Aufgabe
für dich persönlich aussieht.

_____

_____

_____

_____

_____

_____

_____

_____

_____

_____

_____

_____

Schritt 18: Steh zu deinen Schwächen.

Wann sind wir schon wirklich wir selbst, authentisch? Oft zeigen wir uns tatsächlich nicht, wie wir sind: Wir wollen etwas darstellen, uns von unserer guten Seite präsentieren, beim Chef, bei Freunden, beim Partner, bei Eltern und Kindern, aber ebenso bei Unbekannten. Deshalb trauen wir uns nicht, einen Fehler zuzugeben, zu widersprechen, um Hilfe zu bitten oder diese anzunehmen, stets die Wahrheit zu sagen, und wir versuchen, Kritik abzuwiegeln, Unwissen zu vertuschen, von einer peinlichen Situation, Panne oder Blamage abzulenken, und vieles mehr. Wir lächeln, ohne dass uns danach zumute ist, wir halten Tränen zurück, obwohl wir weinen möchten, wir überfordern uns weit über unsere Kräfte hinaus, wir zeigen in jeder Situation den starken Mann, die tapfere Frau – bloß damit man unsere tatsächlichen oder vermeintlichen Schwächen nicht entdeckt.

Unsere Maske
Generell spielen wir oft eine Rolle, die charmante, die melancholische, die witzige, die lässige, die übermütige, die großzügige, die unterwürfige, die überlegene, die naive, die verträumte, die unabhängige, die selbstverliebte, … Damit versuchen wir, ein Bild von uns zu vermitteln, das wir für passend halten, sei es dass wir gern so wären, sei es dass wir meinen, so sein zu müssen, um zu gefallen. Oder um weiterhin dem Bild gerecht zu werden, das sich andere von uns einst gemacht haben: «Du bist immer gut drauf», «Du lässt dich nicht so schnell unterkriegen», «Du weißt immer einen Rat».

Solche Masken legen wir auf, weil wir geschätzt und geliebt werden wollen oder zum Schutz vor Verletzungen. Doch sie kosten uns doppelt Energie: einerseits, um nicht aus der Rolle zu fallen und uns zu verraten, und andrerseits, um gegen das Drängen der Seele, endlich wir selbst zu sein, anzukämpfen. Besäßen wir den Mut, authentisch zu sein, und nähmen wir uns selbst an, wie wir sind, erübrigte sich jede Maske: Ich bin ich, und so wie ich bin, ist es gut. Das Leben wäre wesentlich einfacher!

Um Hilfe bitten und Hilfe annehmen

Eine der Verhaltensweisen, die uns verraten, dass wir die Schwächen maskieren: Wir bitten nicht um Hilfe, obwohl wir sie bräuchten. Lieber mühen wir uns ab, etwas Schweres allein zu heben; grübeln verzweifelt nach Lösungen für ein Problem, um ja nicht jemanden um einen Gefallen bitten zu müssen; verschwenden unnötig Zeit mit Suchen, anstatt bei jemandem eine Auskunft einzuholen. Früher, bevor ich zu meinem Selbstwertgefühl fand, irrte ich lieber stundenlang in einer unbekannten Stadt umher, als mich bei einem Passanten nach dem Weg zu erkundigen.

Noch schlimmer als nicht um Hilfe zu bitten: Wir verweigern uns sogar anerbotener Hilfe. Nicht selten blocken wir, zuweilen noch bevor das Angebot fertig ausgesprochen ist, blitzschnell ab: «Nein danke, ist nicht nötig, geht schon». Mitunter begleiten wir unsere Ablehnung auch mit einer abwehrenden Geste, wie die Arme erheben. So sehr schrecken wir davor zurück, uns hilflos und bedürftig zu zeigen, denn wir assoziieren es mit Schwäche.

Natürlich kann diese Verhaltensweise, Hilfe abzulehnen und/oder nicht darum zu bitten, auch damit zusammenhängen, dass wir *uns selbst* keine Schwäche eingestehen wollen, um das eigene Vollkommenheitsideal nicht anzukratzen – was ebenfalls einen Mangel an Selbstliebe verrät.

Zum Aufbau des Selbstwertgefühls gehört auch der Mut, unsere «Hilflosigkeit» zu zeigen und dazu zu stehen. Niemand kann alles, niemand weiß alles. Wir vergeben uns nichts, wenn wir jemanden um Hilfe bitten. Im Gegenteil, den meisten Menschen tun wir damit einen Gefallen: Wir vermitteln ihnen das Gefühl, nützlich und gefragt zu sein, und stärken dadurch ihr Selbstwertgefühl. Und das wissen wir alle aus vielen eigenen Erfahrungen: Sofern wir die Hilfsbereitschaft anderer nicht überstrapazieren, sind doch die meisten Menschen gern bereit, uns beizustehen.

«Dumme» Fragen stellen

Ein verwandtes Thema betrifft unsere Scheu, Fragen zu stellen, aus Angst, es könnte eine «dumme» Frage sein und wir würden als unwissend, ungebildet, unintelligent gelten. Dieses Phänomen kennen wir gut aus der Schule: Manche haben eine Aussage des Lehrers nicht verstanden, aber keiner traut sich, die Hand zu heben, weil jeder meint, der einzige zu sein. Wagt es endlich jemand trotzdem, so legen die anderen ihre Hemmungen ab und ziehen nach.

Es ist nicht auszuschließen, dass wir wegen einer Auskunft, um die wir bitten, belächelt und als unwissend betrachtet werden. Das müssen wir aushalten, es darf uns nichts ausmachen, wir sind nicht vom Urteil anderer abhängig – so stärken wir das Selbstwertgefühl. Und wenn wir unsere «Dummheit» mit Selbstverständlichkeit und Selbstsicherheit zur Schau tragen, kommen sich am Ende diejenigen töricht vor, die uns für dumm gehalten haben.

Die Übungsaufgabe

Bei diesem Schritt übst du, deine Selbstliebe zu stärken, indem du dich hilfsbedürftig und/oder unwissend zeigst. Da die beiden Themen zusammenhängen, kannst du von den folgenden zwei Aufgaben nur eine oder beide wählen.

Um Hilfe bitten

• Du lässt keine Gelegenheit aus, deine Mitmenschen um kleine Gefälligkeiten zu bitten. Zur Übung bittest du auch dann um Hilfe, wenn du diese nicht unbedingt brauchst.
• Wenn jemand dir seine Unterstützung anbietet, nimmst du sie *immer* an. Hast du voreilig reagiert und abgelehnt, so berichtigst du diese Aussage sofort.

Du wirst die Erfahrung machen, dass die meisten Menschen sehr hilfsbereit sind und überhaupt nicht auf die Idee kommen, deine Hilfsbedürftigkeit als Schwäche anzusehen oder dich deswegen zu verurteilen.

«Dumme» Fragen stellen

Versuch es zuerst mit Freunden und Menschen, denen du vertraust, danach mit denjenigen, die dir nicht nahestehen, und mit Fremden, oder in der umgekehrten Reihenfolge, je nachdem, wessen Urteil du weniger fürchtest. Stell immer sofort alle Fragen, die dir auf die Zungenspitze kommen. Da du vermutlich gar nicht so viele hast, stellst du auch solche, deren Antwort du kennst – es geht ja ums Üben. Einige Beispiele:

- Benutzt jemand ein Fremdwort, fragst du nach der Bedeutung, selbst wenn du sie kennst.
- Im Supermarkt erkundigst du dich, wo ein bestimmtes Produkt zu finden sei, während du neben dem betreffenden Regal stehst;
- Lass dir einen Sachverhalt zwei- und dreimal erklären, als ob du begriffsstutzig wärst.

Ich selbst machte früher oft solche Übungen, als ich mein Selbstwertgefühl aufbauen wollte, und fand sie hilfreich. Mit der Zeit gewöhnen wir uns nämlich dermaßen daran, dass es uns auch nichts mehr ausmacht, ernsthaft, nicht nur übungshalber, um Hilfe zu bitten und Fragen zu stellen.

Arbeitsblatt zum 18. Schritt

Der tragende Gedanke
Um Hilfe zu bitten und Hilfe anzunehmen, ist kein Makel, keine Schwäche; ebenso wenig, etwas nicht zu wissen oder nicht zu können. Ich stehe zu meiner Hilfsbedürftigkeit und meinem Unwissen.

Ein weises Wort
Die größte unserer Schwächen ist unsere Angst, Schwäche zu zeigen.
Jacques-Bénigne Bossuet

Affirmationen
• Ich bin ich selbst, in jeder Situation •
• Ich zeige mich immer, wie ich bin •
• *Alle* meine Eigenschaften gehören zu mir •

Zum Umgang mit Affirmationen findest du eine detaillierte Anleitung auf Seite 16.

Mein Vorsatz für diese Aufgabe
Notiere möglichst konkret und präzise, wie die gestellte Aufgabe für dich persönlich aussieht.

_____

_____

_____

_____

_____

_____

_____

_____

_____

_____

_____

_____

An diesem Schritt solltest du arbeiten, bevor du dich Schritt 20 widmest.

Schritt 19: Fühle dich geborgen in dir selbst.

Seltsamerweise existiert *Geborgenheit* als eigenständiger Begriff weder in der italienischen noch in der französischen Sprache, nicht einmal in der so wortreichen englischen, obwohl dies ein Grundbedürfnis des Menschen ist. In Wörterbüchern wird das deutsche Wort jeweils mit der entsprechenden fremdsprachigen Vokabel für *Sicherheit* und/oder *Schutz* wiedergegeben. Geborgenheit ist jedoch viel mehr, umfasst darüber hinaus Nähe, Vertrautheit, Ruhe, Frieden.

Als Kind erfahren wir Geborgenheit durch die Eltern und andere Bezugspersonen – oder leider nicht. Später geht es in jedem Fall darum, diese äußere Geborgenheit loszulassen und die innere Geborgenheit zu finden, unsere ureigene Geborgenheit, sodass wir sie nicht länger aus dem Umfeld benötigen und ersehnen. Sonst bleiben wir von der Zuwendung anderer Menschen →abhängig. Und das weißt du inzwischen: Diese Abhängigkeit, als direkter Gegenspieler von Selbstliebe, Selbstwertgefühl, Selbstachtung, hindert dich daran, selbstbestimmt zu handeln.

→ Vergleiche Schritt 4, Seite 32 ff.

Die Illusion des geteilten Lebens

Eine Erfahrung, die wir alle schon gemacht haben: Trotz vieler Menschen um uns herum, ob in einer belebten Straße oder auf einer gut besuchten Party, fühlen wir uns einsam. Das kann uns zuweilen sogar im Familien- und Freundeskreis passieren, falls wir uns unverstanden, mit einem Problem allein gelassen fühlen oder eine schwere Lebenssituation auf uns lastet, die uns niemand abnehmen kann. Umgekehrt kommt es vor, dass wir allein sind, keiner sich mit uns abgibt oder um uns kümmert, und doch fühlen wir uns keineswegs einsam, wir sind in Frieden mit uns selbst und brauchen niemanden.

In Wahrheit ist das Leben *immer* ein einsames Gastspiel auf der Weltbühne. Denn genau betrachtet ist jeder von uns der Hauptdarsteller in seinem eigenen Lebensfilm, alle anderen sind nur Statisten, damit eine Handlung, bestimmte Situationen inszeniert werden können, und es geht für jeden Einzelnen immer nur darum, wie *er* sich verhält und fühlt. Die gleiche Szene, in welcher du, X und Y mitspielen, gehört im Grunde genommen gleichzeitig zu drei Filmen: zu deinem und zu denjenigen von X und Y. In deinem Film hat sie eine bestimmte Bedeutung, nur für dich, im Film von X eine, die nur für X bestimmt ist, und im Film von Y nochmals eine andere, speziell für Y. Obwohl die Filmsequenz für einen außenstehenden Betrachter als eine einzige erscheint, sind es in Wirklichkeit drei, jede jeweils mit einem anderen Hauptdarsteller und anderen Statisten.

Für dich zählt einzig deine eigene Rolle, denn dein Leben betrifft nur dich, jeden Schritt musst du selbst gehen, jede Last selber tragen. Kein anderer, so nah er dir auch steht, kann deine Hauptrolle in deinem Film übernehmen – und hat nicht wirklich Einfluss darauf.

Wir dürfen anderen kein Verdienst und keine Schuld zuweisen, wie wir selbst unsere Rolle spielen, unabhängig von der Handlung und den Darstellern um uns herum. Was im Film geschieht, ist eines – wie wir es betrachten, darauf reagieren und uns dabei fühlen, etwas anderes. Auf das Thema dieses Kapitels bezogen, bedeutet das: Ob wir das Alleinsein als Bürde der Einsamkeit oder als wohltuende Eigenständigkeit empfinden, liegt einzig und allein an uns selbst. Präziser ausgedrückt: am Ausmaß unserer Abhängigkeit von anderen Menschen, unserer Selbstliebe und unseres Urvertrauens, unserer inneren Stärke, auch an den Ängsten und Wünschen, ferner an den Vorstellungen, die wir uns von unserem Leben machen und auf die Zukunft projizieren.

Aber sagt nicht ein Sprichwort: «Geteiltes Leid ist halbes Leid»? Tragen wir nicht leichter an unserem Schicksal, sobald jemand uns zur Seite steht, uns auf einem schweren Wegabschnitt begleitet? Noch wichtiger ist es oft für uns, die schönen Momente des Lebens mit jemandem teilen zu dürfen, die uns sonst gar bedeutungslos vorkommen, wenn niemand sich mit uns zusammen daran erfreut.

In Wirklichkeit handelt es sich jedoch um eine Illusion. Jemanden an unserer Seite zu wissen, mag für die äußere Geborgenheit ganz hilfreich sein – mit dem wahren Seelenfrieden hat dies jedoch wenig zu tun. Denn wie gesagt: Un-

→ Zu den Lebenslektionen vergleiche Seiten 79 und 120.

seren Weg müssen wir Schritt für Schritt selbst gehen, die Konsequenzen des Handelns tragen wir ganz allein und die →Lektionen, die wir zu lernen haben, werden unweigerlich auf uns zukommen, niemand kann uns etwas abnehmen. Zudem haben wir keine Garantie, dass *tatsächlich* jemand bei uns ist, wenn wir einmal jemanden bräuchten.

Vielmehr sollen und dürfen wir darauf vertrauen, dass wir im richtigen Moment immer den Menschen begegnen und die Hilfe bekommen, die wir gerade benötigen.

Hier also die Quintessenz für dich: In Wahrheit bist du allein, egal wie viele Menschen dich umgeben und wie nahe sie dir stehen. Dein Bedürfnis nach Zweisamkeit, Gemeinschaft und Gesellschaft stammt unter anderem aus dem Wunsch nach äußerer Geborgenheit; was du jedoch wirklich brauchst, ist Selbstgeborgenheit.

Die Fähigkeit, allein durch das Leben zu gehen, niemanden *unbedingt* an unserer Seite zu brauchen, ist wichtig. Begleiten uns geliebte Menschen jeweils ein Stück des Weges, so ist es schön und bereichernd, aber wir müssen es als ein Geschenk betrachten und es darf uns niemals unerlässlich sein. Erst dann sind wir frei von Abhängigkeit und in der Lage, jederzeit auf die Seele zu hören und unser eigenes Leben zu leben.

Die Übungsaufgabe

Bei dieser Aufgabe begrüßt du für eine Weile das Alleinsein und die Einsamkeit und erfährst, wie viel innere Kraft, Ruhe und Selbstgeborgenheit dir dadurch geschenkt werden – und Unabhängigkeit.

Nachfolgend schlage ich dir mehrere Übungen vor und empfehle dir, alle zu praktizieren; selbstverständlich kannst du aber auch nur einen Teil davon wählen. Auf jeden Fall solltest du aber den ersten Punkt mindestens einmal versuchen und die universelle Geborgenheit erfahren.

• Du gehst allein in die Natur (an einen Fluss, in den Wald, auf einen Berg, zu einer Blumenwiese). Du schaust in den Fluss und fühlst, wie er dich trägt und liebt... umarmst den Baum und bist eins mit ihm... schaust den Felsen an... hörst die Bienen summen... spürst die wärmende Sonne... Du fühlst, wie die ganze Natur dich umarmt und liebt.

• Du machst dir in Gedanken immer wieder bewusst, dass du in diesem Leben allein bist, selbst wenn Menschen dich lieben und dich umgeben: «Jeden Schritt muss ich selbst gehen, jede Bürde selbst tragen, alle Folgen meines Handelns lasten einzig auf mir. Und ich habe die Kraft dazu! Niemand kann mir wirklich Geborgenheit schenken, aber ich finde sie jederzeit in mir selbst.» Diesen oder einen ähnlichen Satz kannst du dir auch aufschreiben und ihn irgendwo anbringen, wo du ihn immer wieder einmal siehst, oder ihn auf einem kleinen Zettel bei dir tragen und jeweils lesen, wenn du gerade einen Augenblick der Muße genießt, etwa beim Warten auf den Zug oder während der Fahrt.

• Du unternimmst das, was du eigentlich mit jemandem zusammen machen möchtest, freiwillig allein: Kinobesuche, Wandern, Reisen, im Restaurant essen und mehr. Dabei genießt du die Unternehmung an sich, du erfreust dich an der jeweiligen Situation und weist jeden Gedanken von dir, dass du dich einsam fühlst und Zweisamkeit doch schöner wäre.

• Du ziehst dich einmal für längere Zeit (mindestens einige Tage) zurück und meidest den Kontakt mit Menschen, die du kennst; du verbringst die Zeit mit dir selbst, indem du zu Hause bleibst oder allein irgendwohin reist. So schwer es dir auch fällt, du hältst es aus. Darum geht es nämlich in erster Linie: es einfach auszuhalten. Du sagst dir: «Was ist eigentlich so schlimm daran? Ja, ich fühle mich einsam – na und? Ich werde daran nicht sterben! Ich will die Freude am Alleinsein finden...».

Selbstverständlich ist es dabei erlaubt, für neue Bekanntschaften offen zu sein und auf Fremde zuzugehen. Dadurch entstehen bereichernde Begegnungen und du erfährst, dass du die Einsamkeit jederzeit durchbrechen und immer wieder, wenn auch jeweils nur für Augenblicke, menschliche Nähe findest.

Arbeitsblatt zum 19. Schritt

Der tragende Gedanke
Allein sein zu können und die Einsamkeit anzunehmen, ist ein wichtiger Schritt gegen die Abhängigkeit von anderen Menschen. Die echte Geborgenheit finde ich nur in mir selbst.

Ein weises Wort
Du fühlst dich einsam, weil du geliebt werden willst. Lerne das beglückende Lieben ohne Forderungen, nur um der Liebe willen, und du wirst dich nie wieder einsam fühlen.
Mira Alfassa

Zum Umgang mit Affirmationen findest du eine detaillierte Anleitung auf Seite 16.

Affirmationen
• Ich bin gern allein und ruhe in mir selbst •
• Ich fühle mich in mir selbst wohl und geborgen •
• Ich bin frei •

Mein Vorsatz für diese Aufgabe
Notiere möglichst konkret und präzise, wie die gestellte Aufgabe für dich persönlich aussieht.

_____

_____

_____

_____

_____

_____

_____

_____

_____

_____

_____

_____

Schritt 20: Verliere die Verlustangst.

An diesem Schritt solltest du erst nach Schritt 19 arbeiten.

Im letzten Kapitel hast du durch Alleinsein und Einsamkeit an deiner Unabhängigkeit gearbeitet. In diesem Schritt vertiefst du das Thema und gehst konkret auf die Anhaftung an Menschen, Dinge und Zustände ein.

Anhaftung an Vergängliches

Die Anhaftung spielt eine zentrale Rolle in der buddhistischen Lehre und ist hier dafür verantwortlich, dass wir das Nirwana, die Erlösung, nicht erlangen und von einer irdischen Existenz in die nächste wiedergeboren werden.

Was «Normalsterbliche», die nicht nach der Erleuchtung streben, im gegenwärtigen Leben allerdings stärker betrifft: Die Anhaftung verursacht Leiden, alles ist nämlich vergänglich. Der Buddha soll, nach einer Legende, zu dieser Einsicht gelangt sein, als er, ein behüteter und von jeglichem Leiden ferngehaltener Adliger, zum ersten Mal seinen Palast verließ und dabei auf einen Greis, einen Kranken und einen verwesenden Leichnam traf.

In der Tat, nicht nur die Jugend und Gesundheit sind vergänglich, sondern jeder Gegenstand, auch jede Situation, jeder Zustand. Allem Besitz wohnt die Möglichkeit, ja die Sicherheit inne, dass wir ihn irgendwann verlieren: Ein Gegenstand, an dem wir hängen, kommt uns abhanden oder geht kaputt; ein Mensch, den wir lieben, stirbt oder verlässt uns. Und dieser Verlust macht uns unglücklich.

Dabei geht es nicht nur um Materielles oder um geliebte Menschen. Wir haben doch alle schon erlebt, dass wir ein beglückendes Ereignis, etwa den Besuch eines schönen Ortes oder ein interessantes Gespräch mit bestimmten Menschen, wiederholen wollten; aber wie oft wurden wir dabei enttäuscht, weil es nicht mehr wie das erste Mal war!

Wir hängen an allem Irdischen, an Dingen, Menschen, Ereignissen, Zuständen, und wir scheuen die Veränderung. Meistens sind wir nicht in der Lage, alles wie in einem Bühnenstück zu betrachten, das zwei, drei Stunden dauert, zu Ende geht – und das war's. Es ist einfach fertig und wir leiden nicht deswegen. Im wirklichen Leben fällt uns das Loslassen schwer. Fast unnötig zu sagen, dass die Anhaftung – die Abhängigkeit – unsere Selbstliebe und Selbstachtung einschränkt, denn aus Verlustangst handeln wir nicht so, wie die Seele es will.

Die Lösung kann nicht darin bestehen, überhaupt nichts mehr zu besitzen, keinen Menschen mehr zu lieben, keine Freude mehr an Schönem zu empfinden. Nicht der Besitz und der Genuss an sich verursachen ja das Leiden, sondern nur die Anhaftung daran und die damit verbundene Verlustangst.

Das Loslassen rechtzeitig üben

Selbstverständlich könnten wir uns sagen, dass wir uns mit dem Verlust eines Gegenstands oder eines Menschen dann auseinandersetzen und das dadurch verursachte Leiden zu bewältigen versuchen, wenn dieser Verlust eingetreten ist. Habe ich selbst nicht etwa schon mehrmals geschrieben, wir sollen uns mit den Problemen erst dann beschäftigen, wenn sie tatsächlich auftauchen, und sie nicht in Gedanken vorwegnehmen und uns Sorgen machen?

Allerdings wissen wir nur allzu gut, dass allein schon die Angst vor dem Verlust uns das Leben schwer macht, selbst wenn er dann nie eintritt. Die Angst vor dem Versiegen des Brunnens ist ebenso schlimm wie der Durst selbst, sagt man in der Wüste.

Deshalb ist es wichtig, die Anhaftung zu beseitigen, *bevor* der Verlust eintritt. Dagegen gibt es kein anderes Mittel, als das Loslassen ständig zu üben, das *innere* Loslassen. Ein grundlegender Gleichmut und das Vertrauen, dass alles, was uns geschieht, gut für uns ist, sind dabei die Eckpfeiler.

Ist ein Verlust nämlich schon eingetreten, sind wir in erster Linie bemüht, das aktuelle Leiden loszuwerden, und befassen uns nicht mit der Anhaftung allgemein, sodass der nächste Verlust uns wieder unvorbereitet treffen wird. Die →Schule gegen die Anhaftung muss beginnen, wenn wir noch im Genuss der Dinge, der Menschen oder der angenehmen Zustände sind. Während wir sie «besitzen», müssen wir lernen, uns an ihnen zu erfreuen, ohne an ihnen zu hängen und ohne ihren Verlust zu fürchten.

→ Die Aufgabe des vorangehenden Kapitels (eine Weile auf die Gesellschaft geliebter Menschen zu verzichten) ist ebenfalls geeignet, um das Loslassen zu üben.

Es ist indes nicht leicht zu erkennen, ob unsere Bemühungen fruchten. Denn solange die Dinge in unserem Besitz sind, die geliebten Menschen in unserer Nähe, die äußeren Gegebenheiten so, wie wir sie mögen, ist es einfach, uns einzureden, dass wir sie kein bisschen vermissen würden, wären sie nicht mehr da. Vielleicht denkst du jetzt sogar, Anhaftung an bestimmte Menschen oder Lebensumstände gehöre nicht zu deinen Problemen.

Ich wünsche es dir von Herzen, aber ich bin skeptisch. Es gab nämlich eine Zeit, als ich das von mir auch dachte. Tatsächlich ist es aber fast nicht möglich festzustellen, ob wir frei von Anhaftung sind, solange die geliebten Menschen bei uns sind – bevor der «Ernstfall» also nicht eingetreten ist. Wie groß meine Anhaftung an meinen Partner noch war, die ich als Buddhistin weitgehend überwunden zu haben glaubte, stellte ich fest, als er tödlich erkrankte und schließlich starb.

Gegen Anhaftung lässt sich nicht abstrakt ankämpfen; sie ist nichts Greifbares, das wir genau definieren und erkennen können. Mehr und mehr frei von Anhaftung werden wir in dem Maß, wie unser Urvertrauen und unsere Selbstliebe wachsen – *daran* müssen wir also konkret arbeiten.

Dennoch ist es eine brauchbare Methode, uns jeweils zu fragen: «Würde es mir fehlen, wenn ich es nicht mehr hätte?» Und uns selbst immer wieder autosuggestiv zu antworten: «Nein, es würde mir nicht fehlen!»

Überfällt uns die Angst, etwas oder jemanden zu verlieren, ist dies ein untrügliches Zeichen, dass wir die Anhaftung noch nicht besiegt haben.

Ferner sollten wir sie daran erkennen, dass wir einen Besitz oder Genuss verherrlichen, etwa wenn wir völlig hingerissen von einem Schmuckstück, einer Reise, einem Erlebnis schwärmen. Auch Aussagen wie «Dieser Gegenstand ist mir sehr wichtig», «Ich kann mir nicht vorstellen, ohne sie zu leben», «Das möchte ich auf keinen Fall missen» – Sätze, die oft nur daher gesagt scheinen – deuten auf Anhaftung hin und sind bewusst zu hinterfragen und zu vermeiden.

Ehrlich bemühen sollen wir uns, nicht aber verzweifeln oder uns verurteilen, wenn wir feststellen müssen, dass wir uns getäuscht und die Anhaftung noch nicht (vollständig) überwunden haben. Es handelt sich dabei nämlich um eine der allerschwierigsten Aufgaben. Und das Leben lehrt uns schließlich – indem es uns Dinge und Menschen nimmt, an denen wir hängen, uns dadurch vor Augen führt, wie stark unsere Anhaftung noch ist, und uns die Chance bietet, weiter an uns zu arbeiten.

Die Übungsaufgabe
Für diesen Schritt schlage ich dir mehrere Übungen vor, von denen du alle oder nur einen Teil praktizieren kannst.

Ungeliebte Empfindungen wegweisen
Ich versuche ganz bewusst, alle auf Anhaftung beruhenden Empfindungen (Verlustangst, Traurigkeit, Wut, Frustration, Eifersucht, Ärger und weitere) zu vermeiden. Ich bin achtsam, nehme sie wahr, sobald sie aufkommen, und weise sie augenblicklich von mir. Beispielsweise wenn
– etwas kaputt oder verloren geht oder mir gestohlen wird;
– jemand sich nicht so verhält, wie ich es gern hätte, und/oder ich befürchte, er könnte mich verlassen;
– die äußeren Umstände, beispielsweise schlechtes Wetter, mir nicht passen;
– eine Situation, etwa am Arbeitsplatz oder in der Familie, sich unangenehm verändert.

→ Methoden zum Loswerden negativer Gedanken und Empfindungen findest du auf Seite 71.

Diese →negativen Empfindungen verbanne ich aus mir und ich sage mir immer wieder, es sei nicht so wichtig, alles sei gut, wie es ist, und ähnliche suggestive Ermunterungen.

Auf etwas verzichten
Ich verzichte mindestens einen Monat lang auf etwas, was ich wirklich gern mag und (fast) täglich tue. Beispiele:
– Kaffee trinken (oder Wein, Schokolade essen und mehr);
– zum Frühstück die Zeitung lesen;
– meine liebste Fernsehsendung schauen;
– das Tragen eines bestimmten Schmuckstücks;
– beim Autofahren Radio hören.
Ich empfinde dabei Gleichmut, es macht mir nichts aus, darauf zu verzichten; ich denke nicht die ganze Zeit daran, wie gern ich es jetzt doch täte!

Etwas Ungeliebtes/Unangenehmes gleichmütig annehmen
Ich tue einen Monat lang etwas, was mir widerstrebt, oder begebe mich mehrmals in eine Situation, die mir nicht behagt. Beispiele:
– Treppen steigen anstatt mit dem Aufzug fahren;
– der Mutter (Frau, Tante, ...) beim Putzen, Einkaufen oder anderen Tätigkeiten helfen;
– dem Jammern einer Bekannten geduldig zuhören, ohne sie zu unterbrechen oder genervt davonzulaufen;
– etwas Gesundes, aber nicht so Schmackhaftes essen.
Ich empfinde dabei Gleichmut, es macht mir nichts aus, es zu tun und auszuhalten: Ich denke nicht die ganze Zeit «Wie mühsam!», «Wie hasse ich das!».

Arbeitsblatt zum 20. Schritt

Der tragende Gedanke
Alles, an dem ich hänge, kann ich verlieren; dieser Verlust und
die Angst davor bereiten mir Schmerz. Ich lerne, die Anhaftung
zu überwinden.

Ein weises Wort
Wer bei allem keine Anhaftung empfindet und es weder hasst noch
sich freut, wenn Gutes oder Schlechtes eintreten, dessen Geist ist
auf Weisheit fest begründet.
Bhagavad Gita II, 57

Zum Umgang
mit Affirmationen
findest du eine
detaillierte Anlei-
tung auf Seite 16.

Affirmationen
• Ich bin frei und lasse frei •
• Das Leben ist einfach, wenn ich loslasse •
• Ich nehme alles, was auf mich zukommt, dankbar an •

Mein Vorsatz für diese Aufgabe
Notiere möglichst konkret und präzise, wie die gestellte Aufgabe
für dich persönlich aussieht.

_____

_____

_____

_____

_____

_____

_____

_____

_____

_____

_____

Schritt 21: Lass dir nicht einreden, du seist ein Egoist.

«Quidquid agis, prudenter agas et respice finem», sagt ein altes lateinisches Weisheitswort: Was immer du tust, handle umsichtig und bedenke, wohin es führt. Selbstverständlich gilt das heute noch. Wir müssen immer berücksichtigen, welche Folgen unsere Taten für uns und für andere haben, wir sollen vor allem nicht leichtsinnig, nachlässig, gedankenlos handeln, sondern bedacht, wohlwollend, einfühlsam, und es vermeiden, anderen wehzutun.

Selbstliebe oder Egoismus?

Selbstliebe hat gar nichts mit dem Egoismus zu tun, unter dem wir rücksichtsloses, auf den eigenen Vorteil ausgerichtetes Verhalten verstehen und der von Wünschen und Begierden, nicht zuletzt auch von Ängsten, angetrieben wird. Aber: Wir haben das →Recht auf Selbstbestimmung für das eigene Leben – das kann ich nicht oft genug wiederholen –, selbst wenn dadurch einmal jemand leidet. Handeln wir, wie die anderen möchten, entgegen unserer Seele, so werden wir uns untreu und machen uns selbst unglücklich. Ganz abgesehen davon – auch daran will ich wieder einmal erinnern –, dass wir es ohnehin nie *allen* Recht machen können.

→ Siehe Schritt 22, Seite 124 ff.

Es gehört zu unserer Lebensaufgabe, die Verantwortung für unser Leben zu hundert Prozent zu übernehmen, sie weder abzuschieben versuchen noch Schuldige zu benennen. Dies bedingt logischerweise, dass wir auch zu hundert Prozent selber darüber bestimmen. Was die Mitmenschen leider oft als Egoismus, Herzlosigkeit, Kälte, Kompromisslosigkeit bezeichnen. Von solchen Urteilen brauchen wir uns nicht beirren zu lassen.

Obwohl es keine klar definierte Grenze zwischen Egoismus und Selbstliebe noch verbindliche Regeln dazu gibt, können dich zwei einfache Einsichten leiten:

• Über alles, was *dein* Leben betrifft, bestimmst *du*, wie *du* es für richtig hältst, *auch wenn andere von deinen Entscheidungen und Taten mit betroffen sind.* Denn, wie gesagt, du allein trägst die Verantwortung und die Konsequenzen. Umgekehrt hat natürlich jeder Mensch dieses Recht; du respektierst das und →mischst dich in keiner Weise in fremde Leben ein, das wäre egoistisch.

→ Zum Thema der Einmischung vergleiche Seite 125 f.

• Angst kann dich sowohl an deiner Selbstbestimmung hindern als auch zum Egoisten machen. Jede Entscheidung, jede Tat, die von einer deiner Ängste bestimmt oder von ihr begleitet wird, ist a priori fragwürdig; du solltest genau hinschauen und sie dann möglichst vermeiden.

Unsere Verantwortung für andere

Unsere Hemmung, durch unser Handeln anderen wehzutun, habe ich in diesem Buch verschiedentlich erwähnt. Ein weiteres Hindernis für das selbstbestimmte Handeln ist unser Verantwortungsgefühl. Gleich vorneweg: Für einen erwachsenen, mündigen Menschen sind wir nicht verantwortlich. Verantwortung tragen wir nur für die Wesen, die sie für sich selbst nicht wahrnehmen können, also Kinder, Tiere, Pflanzen, ja auch für die unbelebten Dinge. Mit ihnen müssen wir besonders sorgsam und umsichtig umgehen.

Bei allen anderen beschränkt sich unsere Verantwortung darauf, dass wir aufrichtig und nach bestem Wissen und Gewissen entscheiden und handeln – wie könnte sie denn weiter reichen? Mehr können wir doch nicht tun.

Unser Urvertrauen – das Vertrauen ins Schicksal, ins Leben, ins Göttliche, wie wir es nennen wollen, nicht zuletzt in das Höhere in uns selbst – sagt uns doch:

• Unabhängig von unserem eigenen Bemühen oder Nichtbemühen kommt alles so, wie es für alle Beteiligten das Richtige ist; deshalb brauchen wir uns nie mit Selbstvorwürfen und Schuldgefühlen zu quälen.

• Alle Konsequenzen, selbst schmerzhafte, sind nicht als Strafe zu verstehen, sondern ausschließlich als Lektion, damit wir selbst und die übrigen Betroffenen Erkenntnisse daraus ziehen und für die Zukunft lernen.

Nur allzu gern übernehmen wir jedoch die Verantwortung für andere, denn dabei fühlen wir uns wichtig, nützlich, auch mächtig, was vermeintlich unser Selbstwertgefühl stärkt. Noch öfter versuchen allerdings Mitmenschen, uns eine Verantwortung für sie aufzubürden, die in Wirklichkeit nicht bei uns liegt.

Ein klassisches Beispiel. Trennt sich eine Frau von ihrem Partner oder verliert ein Mann seinen Arbeitsplatz, egal aus welchen Gründen, und lässt er sich deshalb gehen, beginnt zu trinken, wird obdachlos oder begeht gar Selbstmord, tragen nicht die Frau oder der Chef oder die «bösen» Umstände die Verantwortung dafür, sondern er allein.

Durch unsere Entscheidungen und Taten sind zwar andere direkt betroffen und werfen uns dann vor, egoistisch und die Ursache ihrer Probleme zu sein: «Du bist schuld, dass ich trinke»; «Wenn Sie mir kündigen, bringe ich mich um.» Doch wir haben das Recht, für uns selbst zu entscheiden; wie Mitmenschen darauf reagieren, ist *ihre freie Entscheidung* – damit haben wir nichts zu tun.

Und wann sind wir wirklich egoistisch?

Die *offensichtlich* egoistischen Verhaltensweisen erkennen wir, darüber brauche ich nichts zu schreiben. Nachfolgend einige Beispiele für den *subtileren* Egoismus in →Freundschafts- und Liebesbeziehungen, was auch von einem Mangel an echter Liebe (und Selbstliebe!) zeugt:

→ Zum Überwinden von Egoismus in Beziehungen vergleiche Übungsaufgabe auf Seite 85 f.

• jede Form von Eifersucht und Neid, etwa wenn wir uns nicht mit dem anderen freuen, falls er ohne uns glückliche Momente erlebt, oder der nagende Wunsch, mit dabei zu sein; das mangelnde Verständnis dafür, dass er auch ein Eigenleben führt, und unsere Versuche, ihn mit Diplomatie, List oder Manipulation daran zu hindern;

• emotionale Erpressung: «Wenn du mich liebst, dann tust du das»; auch Aussagen wie: «Ich kann ohne dich nicht leben»; «Ich würde alles für dich tun»;

• Enttäuschung wegen nicht erfüllter Erwartungen: «Du hast den Hochzeitstag vergessen»; «Du müsstest merken, dass ich …»; «Wieso kommst du nicht darauf, dass …»;

• Schuldzuweisungen für unser Befinden: «Deinetwegen bin ich wütend»; «Weil du dich in dieser Weise verhältst, leide ich»; «Wenn du das tust, machst du mich traurig»;

• Alle Versuche, andere zu ändern, und Einmischungen in ihre freie Entscheidung: «Ich will doch nur das Beste für sie»; «Ich weiß genau, was ihm guttut».

Die Übungsaufgabe

Sie bedarf diesmal keiner langen Erklärung. Sei achtsam, um die Grenze zwischen Selbstliebe und Egoismus jeweils wahrzunehmen.

Denk auch darüber nach, wann du dazu neigst, dich für andere verantwortlich zu fühlen oder dich in ihr Leben einzumischen, und sei für diese Situationen ganz besonders wachsam.

Du kannst zusätzlich jeweils am Abend den Tag Revue passieren lassen und genau hinschauen, wie dein Verhalten im zwischenmenschlichen Bereich war. Zeugte es von Egoismus oder von mangelnder Selbstliebe, so nimmst du dir vor, dieses Verhalten beim nächsten Mal zu ändern. Ohne Selbstvorwürfe und Schuldgefühle, versteht sich.

Arbeitsblatt zum 21. Schritt

Der tragende Gedanke
Ich trage die Verantwortung für mein Leben und habe das Recht auf Selbstbestimmung; das ist Selbstliebe, nicht Egoismus. Ich mische mich aber auch nicht in das Leben anderer ein. Für Mitmenschen und ihre Reaktionen auf meine Taten bin ich nicht verantwortlich.

Ein weises Wort
Egoismus besteht nicht darin, dass wir leben, wie wir es wünschen, sondern darin, dass wir von anderen verlangen, dass sie so leben, wie wir es wünschen.
Oscar Wilde

Affirmationen
• Ich entscheide und handle selbstbestimmt •
• Ich widerstehe dem Ego anderer Menschen •
• Ich lege die Verantwortung für andere ab •

Zum Umgang mit Affirmationen findest du eine detaillierte Anleitung auf Seite 16.

Mein Vorsatz für diese Aufgabe
Notiere möglichst konkret und präzise, wie die gestellte Aufgabe für dich persönlich aussieht.

_____

_____

_____

_____

_____

_____

_____

_____

_____

_____

_____

Schritt 22: Nimm dir das Recht auf dein eigenes Leben.

* Name geändert

Adrian*, ein Freund von mir, lebte aus beruflichen Gründen lange Jahre zusammen mit seiner Frau sehr glücklich in Afrika. Dann kam der Moment, an dem er in die Heimat zurückkehren sollte, da es der Wunsch seiner Frau war und sie ihm seinerzeit, vor der Auswanderung, das Versprechen abgenötigt hatte, maximal zehn Jahre dort zu verbringen. Alles in ihm sträubte sich dagegen, liebte er doch das Leben in der Fremde. Nur aus Fairness, weil er es damals versprochen hatte, leitete er die Rückkehr in die Wege. Wenige Wochen vor dem geplanten Termin brach er sich aber ein Bein und kurz darauf erlitt er, noch keine 40 Jahre alt, einen leichten Herzinfarkt: Es war ihm im wahrsten Sinne des Wortes eng ums Herz geworden und er wollte diesen Schritt nicht vollziehen. Nach seiner Wiederansiedelung in der Schweiz fiel er in eine Depression.

Selbstliebe oder Egoismus?

Es geht hier, wie schon beim Schritt 21, um die Grenze zwischen Egoismus und dem Recht auf Selbstbestimmung. Diese Grenze ist nicht starr und lässt sich nicht allgemeingültig ziehen; gerade im vorliegenden Fall ist sie nicht leicht auszumachen. Hätte Adrian anders handeln müssen, dürfen? Was wiegt schwerer, ein Versprechen oder die Stimme der eigenen Seele? →Wollte das Leben ihn lehren, Unabänderliches gleichmütig anzunehmen oder, im Gegenteil, das durchzusetzen, was er für sich als gut und richtig spürte? War es denn überhaupt unabänderlich gewesen oder hätte er einen Weg finden können, müssen?

→ Zu den Hindernissen auf dem Lebensweg vergleiche Seite 78.

Ich bin der Ansicht, dass Adrian auf seine Seelenstimme hätte hören sollen und dürfen. Denn zum einen hatte er das Versprechen *vor* der Auswanderung abgegeben, ohne die weit in die Zukunft reichenden Konsequenzen absehen und beurteilen zu können, er war gewissermaßen gar nicht urteilsfähig gewesen, was jeden Vertrag auf der rechtlichen Ebene unwirksam machen würde. Er konnte ja vorher nicht wissen, wie sehr die afrikanische Lebensart seinen

Neigungen und Vorlieben entsprach. Ein Versprechen, mit dem man das eigene Leben über Jahre festlegt, dürfte man streng genommen gar nie geben.

Zum anderen waren die körperlichen Symptome Herzinfarkt und Beinbruch ein deutliches Warnzeichen, die Entscheidung zu überdenken. Adrian tat es nicht, er missachtete die Winke des Schicksals. Die Folge: die Depression – eine →Lebenslektion, um ihm eine Erkenntnis zu schenken.

→ Zu den Lebenslektionen vergleiche Seiten 110 und 120.

Entgegenkommen, Kompromisse und Opfer

In einer Partnerschaft, wie bei allen zwischenmenschlichen Beziehungen, kommen wir um →Kompromisse nicht herum. Einmal mache ich einen Schritt auf den anderen zu, einmal kommt der andere mir entgegen. Auch auf etwas zu verzichten, kann ein Beweis für Selbstliebe und innere Stärke sein. Aber:

→ Um Kompromisse und deren Aushandeln in einer Partnerschaft geht es ausdrücklich in meinem Buch «Liebe ist kein Deal»; Info siehe Seite 152.

• Dies gilt nicht für existentielle Fragen. Es ist durchaus richtig, unsere kleinen Bedürfnisse zugunsten eines Mitmenschen zurückzustellen und uns selbst nicht so wichtig zu nehmen. Geht es jedoch um Lebensentscheidungen, um tiefe Überzeugungen und eigene fundamentale Werte, sollten wir ausschließlich auf die Seelenstimme hören.

• Ein →Opfer aus Liebe tut nicht weh und hat keine Konsequenzen für die psychische und physische Gesundheit. Genau genommen dürfen wir dabei gar nicht von einem Opfer sprechen, eher von einem Geschenk. Das schmerzt nie, vielmehr lässt es uns eine tiefe innere Zufriedenheit und Ruhe fühlen. Tun wir hingegen etwas für einen geliebten Menschen, leiden jedoch dabei und sind unglücklich, so haben wir offenbar gegen uns selbst gehandelt.

→ Zum aus Liebe erbrachten «Opfer» vergleiche Seite 132

Keine Einmischung tolerieren

Oft, meistens, ziehen wir durch unsere Entscheidungen allerdings niemanden tief in Mitleidenschaft. Dazu ein anderes Beispiel aus meinem Bekanntenkreis.

Laura*, die im kaufmännischen Bereich arbeitete, wollte ihre Stelle kündigen und eine Ausbildung als Sozialarbeiterin beginnen. Ihr Vater versuchte mit allen Mitteln, es ihr auszureden, obwohl nicht er die Ausbildungskosten tragen musste; er hätte sie aber gern als Nachfolgerin in seiner

* Name geändert

Firma gesehen. Er übte psychischen Druck aus, versuchte sie zu manipulieren. Schließlich reagierte Laura mit Härte: «Ich entscheide selbst über mein Leben. Bitte respektiere es und misch dich nicht ein. Ich habe mir deine Argumente angehört, aber jetzt diskutiere ich nicht länger darüber.»

Wir haben das Recht auf unsere Entscheidungen, seien sie in den Augen anderer noch so unsinnig, schädlich, kurzsichtig. Aber aus mangelnder Selbstliebe – Angst vor Verlust, uns bloßzustellen, vor Konflikten, dem Urteil der Mitmenschen und anderen Ängsten – lassen wir Einmischung, sogar Fremdbestimmung zu.

Selbst wenn wir am Ende doch tun, was wir wollen und für gut halten, brauchen wir uns vorher den psychischen Druck und die endlosen Diskussionen und nachher die Vorwürfe nicht gefallen zu lassen.

Wehre dich dagegen! Schüttle die Ängste ab. Möglicherweise hilft es dir, die Angelegenheit jeweils aus der folgenden Perspektive zu betrachten: Einmischung ist höchste Respektlosigkeit. Man traut dir die Intelligenz, Weisheit, kluge Voraussicht nicht zu, selber über dein Leben zu bestimmen; man traut dir ebenso wenig zu, mit den Konsequenzen deiner Entscheidungen umgehen zu können. Und fehlenden Respekt darfst du niemals dulden.

Einen Menschen, der dich in dieser Weise respektlos behandelt, solltest du nicht schonen. Hab den Mut, dich ganz klar abzugrenzen, dies mitzuteilen und konsequent zu handeln. Gibt er keine Ruhe, darfst du durchaus ein Telefongespräch abrupt beenden oder ihm den Rücken zukehren und gehen.

Sich selbst vertrauen

Wir haben das Recht auf ein eigenes Leben, darauf, unser Leben so zu leben, wie wir es für uns als richtig spüren. Natürlich gehen wir bei Entscheidungen auch immer wieder einmal dem Ego auf den Leim, handeln vielleicht egoistisch oder sogar rücksichtslos. Wir sind schließlich nicht vollkommen und wir dürfen uns nicht davor fürchten, «Fehler» zu machen. Denn:

• Erst die Zukunft kann uns lehren: Sie wird uns zeigen, ob wir in der Vergangenheit der Seelenstimme oder dem Ego gefolgt sind. Daraus gewinnen wir Einsichten, lernen und handeln das nächste Mal anders. Wir bekommen ja immer wieder eine neue Chance.

• Wir dürfen darauf vertrauen, dass sich immer alles so entwickelt, wie es für alle Beteiligten richtig ist. Ich verweise hier explizit auf meine Aussagen von Seite 120 über das Urvertrauen; du solltest sie nochmals lesen.

Mit diesem Urvertrauen hätte Adrian vielleicht einen anderen Weg gewählt, als in das Heimatland zurückzukehren. Möglicherweise hätte er einen gefunden zusammen mit seiner Frau, vielleicht aber nur ohne sie. Der Preis der Selbstliebe ist manchmal hoch; noch teurer kommt es uns aber zu stehen, wenn wir nicht auf die Seele hören. Vielleicht wäre Adrian jedoch dank des Urvertrauens auch in der Lage gewesen, gleichmütig zurückzukehren, ohne darunter zu leiden... Wie gesagt, die Grenzen sind fließend, es gibt nicht nur Schwarz und Weiß.

Nicht das Leben eines anderen leben

«Eure Zeit ist begrenzt, verschwendet sie also nicht, das Leben eines anderen zu leben. Geht Dogmen nicht in die Falle – das würde bedeuten, euer Leben nach den Erkenntnissen fremden Denkens zu richten. Lasst den Lärm anderer Meinungen nicht eure innere Stimme ersticken. Und, am wichtigsten, habt den Mut, eurem Herzen und eurer Intuition zu folgen. Sie wissen immer, was ihr wirklich wollt. Alles andere ist nebensächlich.» Das sagte →Steve Jobs, der inzwischen verstorbene Gründer von Apple, als er bereits an Krebs erkrankt war. Dem habe ich nicht mehr viel hinzuzufügen, nur noch dies: Manchmal leben wir das Leben eines anderen, weil wir uns mit ihm identifizieren, ihn derart bewundern, dass wir ihm nacheifern und so sein wollen wie er, oder jeden Preis bezahlen, um an seiner Seite zu bleiben, ihn besser spüren als uns selbst, seine Bedürfnisse zu unseren eigenen machen... Kurz: uns ganz in ihm verlieren. Eine solche Beziehung, in der wir uns selbst völlig aufgeben, tut uns nicht gut und eines Tages, wenn wir es erkennen, bedauern wir wahrscheinlich, dass wir so viel Zeit verschwendet haben, das Leben eines anderen zu leben, und dabei unser eigenes verpasst haben.

→ Aus einer Rede an der Stanford University am 12. Juni 2005.

Die Übungsaufgabe

• Befindest du dich gerade in einer Lage, in der du dich mit einer existentiellen Entscheidung für dein Leben konfrontiert siehst: Geh in dich, höre gut auf deine Seelenstimme, lies auch das Kapitel 1 (Hab Mut zur Selbstliebe) nochmals und triff dann deine Entscheidung in voller Verantwortung für dich selbst, für dein eigenes Leben. Folge niemandem, außer deiner Seelenstimme – hab den Mut und das Urvertrauen dazu.

• Falls du gegenwärtig nicht in einer existentiellen Entscheidungssituation steckst: Denk darüber nach, wer (Eltern, Partner, Kinder, Freunde, Arbeitskollegen, ...) schon versucht hat, sich in dein Leben einzumischen. Nicht immer ist es offensichtlich: Wann ist es nur ein gut gemeinter Rat und wann will jemand dich dominieren, bevormunden, seine Macht ausspielen? Wann versucht jemand, direkt in dein Leben einzugreifen oder dich zu manipulieren?

• Deine Grenzen zu setzen und dich gegen Einmischung zu wehren, praktizierst du wie folgt:

– Solange dich ein Gespräch/eine Bemerkung/eine Aussage nicht belastet, nervt, verletzt, auslaugt, darfst du dich ruhig darauf einlassen; beachte allerdings auch die Seiten 54 und 126 zum Thema der endlosen Diskussionen. Sei wachsam und spüre gut in dir, wie du solche Gespräche/Aussagen empfindest: Regt sich in dir Widerwille, ein ungutes oder unangenehmes Gefühl, Schmerz, Enttäuschung, Frustration? Dann ist es ein deutliches Zeichen, dass dein Gegenüber deine Grenzen überschritten hat und du ihm Einhalt gebieten solltest.

– Argumente, gute Ratschläge von anderen zu deinen Entscheidungen, Verhaltensweisen, Plänen hörst du dir an – aber nur ein Mal. Wenn du deine Position erklären willst, ist das gut – aber ebenfalls nur ein Mal. Achte dabei unbedingt darauf, *zu argumentieren,* dich jedoch *nicht zu rechtfertigen,* denn du bist niemandem Rechenschaft schuldig.

– Bereite eine eigene Formel vor, die du zur Abgrenzung verwenden willst, und präge sie dir ein. Etwa: «Deine Meinung habe ich zur Kenntnis genommen, jetzt respektiere mein Selbstbestimmungsrecht und misch dich nicht ein.»

Oder: «Deine Einmischung empfinde ich als respektlos, bitte lass das sofort und für alle Zukunft bleiben.»

Sag diese Formel jeden Tag ein paarmal auf, auch wenn du sie konkret gerade nicht brauchst, damit sie dir im Bedarfsfall präsent ist.

– Um deine Sensibilität für Einmischung zu schulen, achtest du umgekehrt darauf, wann *du* dich bei anderen einzumischen versuchst, und stoppst dein Verhalten augenblicklich. Bemühe dich auch, dich nicht zurückgewiesen oder verletzt zu fühlen, wenn jemand deine Ratschläge nicht hören will oder nicht befolgt. Denk daran, deine Meinung nur ein einziges Mal zu äußern und respektiere das Verhalten/ die Entscheidung der anderen.

Arbeitsblatt zum 22. Schritt

Der tragende Gedanke
Ich habe das Recht, mein eigenes Leben zu leben; niemand darf sich einmischen. Mut und Urvertrauen helfen mir, meinen eigenen Weg zu gehen und nicht dem Weg eines anderen Menschen zu folgen.

Ein weises Wort
Am Ende stellt sich die Frage: Was hast du aus deinem Leben gemacht? Was du dann wünschen wirst, getan zu haben, das tue jetzt.
Erasmus von Rotterdam

Zum Umgang mit Affirmationen findest du eine detaillierte Anleitung auf Seite 16.

Affirmationen
• Ich habe das Recht auf mein eigenes Leben •
• Ich vertraue meiner Seelenstimme •
• Ich verteidige mutig meine Grenzen •

Mein Vorsatz für diese Aufgabe
Notiere deine Erkenntnisse entweder zu deiner gegenwärtigen oder einer vergangenen Entscheidungssituation.

_____

_____

_____

_____

_____

_____

_____

_____

_____

_____

_____

_____

Schritt 23: Tue alles aus reiner Liebe.

Siehe auch Schritt 14, Seite 83 ff.

Nach meinem Plädoyer für das selbstbestimmte Leben der beiden vorherigen Schritte beleuchte ich nun die «Gegenseite», und zwar die Aspekte, die mitunter *irrtümlicherweise* als Abhängigkeit und mangelnde Selbstliebe gedeutet werden.

Sicherlich hast du in deinem Umfeld auch schon Menschen beobachtet, über die du dachtest:

«Warum lässt er sich derart ausnutzen/tyrannisieren?»

«Sie macht wirklich alles für ihren Freund und bekommt nicht viel zurück!»

«Ist das ein Pantoffelheld!»

«Ich hätte mich längst dagegen aufgelehnt!»

«Sie lässt sich von ihrer Mutter aber auch alles gefallen!»

«Dieser Mensch besitzt wohl gar keine Würde.»

Vielleicht hast du sogar schon die Erfahrung gemacht, dass jemand dich in dieser Weise kritisierte. Mir passiert es jedenfalls immer wieder – und ich darf von mir behaupten, dass ich nicht unter einem Mangel an Selbstliebe leide.

Der Schein trügt

Zweifellos gibt es zahlreiche Menschen, die von anderen abhängig sind, sich ausnutzen und allerlei gefallen lassen, anstatt sich zu wehren und zu sich selbst zu stehen. Auf der anderen Seite *wirkt* es auf Außenstehende aber zuweilen nur als Unterwürfigkeit, wenn jemand offenbar alles hinnimmt, den Partner, die Kinder, Freunde mit Liebe überhäuft und ihnen manches verzeiht.

Kann es denn falsch sein, einen geliebten Menschen mit Zuwendung und Nachsicht zu verwöhnen? Als falsch empfinden wir es dann, wenn bei uns der Eindruck entsteht, die →Bilanz von Geben und Nehmen stimme nicht: Der eine gibt scheinbar weniger oder ist es in unseren Augen nicht wert, so viel zu bekommen.

Ich erinnere mich an einen Fall aus einem meiner Kurse. Eine Mutter erzählte, wie sie ihrem erwachsenen Sohn immer wieder Aufgaben abnahm im Kontakt mit Ämtern, dem Vermieter und anderen Stellen, Aufgaben die ihm unange-

→ Warum diese Denkweise nicht zu einer glücklichen Beziehung führt, erläutere ich in meinem Buch «Liebe ist kein Deal»; Info Seite 152.

nehm waren und wovor er sich scheute. Andere Kursteilnehmer wiesen sie darauf hin, sie sollte das nicht tun, er nutze sie nur aus und werde so nie selbstständig. Sie erwiderte, er sei dazu einfach noch nicht bereit, irgendwann werde für ihn der richtige Zeitpunkt kommen, solche Pflichten selbst in die Hand zu nehmen. Es entstand eine recht heftige Diskussion. Aber dürfen wir einem liebenden Mutterherzen denn misstrauen? (Es ging in diesem Kurs übrigens um die Seelenstimme, nicht um Selbstliebe.) Dürfen wir uns anmaßen, an der Seelenstimme eines anderen zu zweifeln, nur weil sie ihm etwas sagt, das wir nicht verstehen oder anders bewerten?

Diese Mutter half ihrem Kind nicht aus Angst, es zu verlieren oder von ihm nicht mehr geliebt zu werden. Sie tat es aus reiner Liebe, weil sie spürte, dass es richtig war. In der Motivation liegt der entscheidende Unterschied: Tun wir etwas aus Liebe zu einem anderen Menschen, so ist es immer richtig und wir fühlen uns gut dabei. Tun wir etwas hingegen aus Abhängigkeit, um andere nicht zu verärgern, in der Befürchtung, sie könnten uns nicht mehr lieb haben, weil wir Konsequenzen oder Konflikte scheuen, dann erniedrigen wir uns; das ist falsch und schmerzt.

Selbst wenn wir bei einer Paar-, einer Eltern-Kind- oder einer Freundschaftsbeziehung zu beobachten glauben, der eine gebe unendlich, während der andere nur nehme: Wer sagt uns denn, dass unser Maßstab der richtige ist? Und wo steht geschrieben, man dürfe nicht geben, ohne gleich viel dafür zu bekommen?

Nicht jeder, der grenzenlos gibt und in unseren Augen vieles erduldet, leidet unter einem Mangel an Selbstliebe. Im Gegenteil: Geben, ohne etwas dafür zu erwarten, ist ein Zeichen für starke Selbstliebe. Ich verweise auf Kapitel 14, in dem ich dieses Thema bereits aufgegriffen hatte.

Wie gesagt: Alles, was wir aus reiner Liebe tun, ist förderlich, während alles, was wir aus Angst tun, uns schadet.

Der Seelenstimme vertrauen

Denk also nicht, wenn du viel für andere machst oder von ihnen scheinbar «erduldest», dies sei immer ein Zeichen deiner schwachen Selbstliebe.

Es ist wichtig, dass wir zu unterscheiden lernen, wann wir nachgiebig und wann wir hart sein, wann wir Ja und wann wir Nein sagen sollen. Die Seelenstimme ist dabei der unfehlbare Wegweiser. Ich kann dich nur noch einmal ermuntern, ihr bedingungslos zu vertrauen. Manchmal rät sie uns in einer bestimmten Situation zu einem Nein und am nächsten Tag in einer vergleichbaren Situation zum Ja – und wir zweifeln dann an ihr, weil wir es nicht verstehen. Wir können es nicht immer verstehen, zumindest nicht unmittelbar, denn im Gegensatz zu unserer Seele kennen wir nicht alle Fakten und Zusammenhänge. Manchmal erweist sich später, warum sie uns in einer bestimmten Weise leitete, manchmal erfahren wir es hingegen nie.

Für andere mag unser Verhalten als ungerecht, als Ungleichbehandlung wirken. Wenn wir es etwa bei einem Arbeitskollegen ablehnen, ihm eine Arbeit abzunehmen, dem anderen hingegen lächelnd entgegenkommen, sieht das tatsächlich seltsam aus. Doch wenn die Seelenstimme es so will, dann soll es so sein.

Es ist im Übrigen weder richtig noch sinnvoll, alle Menschen gleich zu behandeln, bekommen wir diese Forderung noch so oft zu hören. Die Begründung ist ganz einfach, und wenn wir nur kurz darüber nachdenken, erkennen wir sie sofort als logisch und nachvollziehbar: Wir können nicht alle Menschen gleich *behandeln*, weil nicht alle Menschen gleich *sind*.

Im erwähnten konkreten Fall: Vielleicht will der eine Kollege einfach schnell Feierabend machen, um sich an einer Party zu vergnügen? Während sich der andere in einer Notlage befindet – ein schwer krankes Kind, ein großer Wasserschaden in der Wohnung – und deshalb früher nach Hause muss? Du weißt zwar nicht um diese Sachverhalte – doch deine Seele spürt sie. Und sagt deshalb einmal Nein und einmal Ja.

Die Übungsaufgabe
Diese Aufgabe erweitert diejenige des 21. Schrittes, bei der es allgemein um die Unterscheidung zwischen Selbstliebe und Egoismus ging. Diesmal liegt das Schwergewicht auf der Unterscheidung: Mache ich etwas aus Angst oder aus

Liebe? Achte jetzt also auf die Situationen, in denen du etwas für andere tust oder dir etwas «gefallen lässt».

• Frag dich: Tue ich es, weil ich Angst habe vor den Konsequenzen/Konflikten, nicht mehr geliebt/akzeptiert zu sein, den Partner/Freund/... zu verlieren? Jegliche Angst, egal wovor, deutet darauf hin, dass du es nicht aus Liebe tust, sondern aus mangelnder Selbstliebe.

• Wenn du dir darnach Vorwürfe machst, wütend auf dich selbst oder den anderen bist, dich schlecht fühlst, ist dies ebenfalls ein Zeichen, dass du nicht aus Liebe gehandelt hast, sondern aus Abhängigkeit/Angst.

• Spürst du, aus reiner Liebe etwas für jemanden tun oder «erdulden» zu wollen, dann sollen dein Verstand oder dein Stolz dich nicht daran hindern. Und lass dir von niemandem einreden, man nutze dich aus und Ähnliches.

Arbeitsblatt zum 23. Schritt

Der tragende Gedanke
Meine Selbstliebe zeigt sich auch darin, dass ich aus Liebe – jedoch
niemals aus Angst – vieles für andere Menschen tue und einiges
«erdulden» kann. Ich lasse mir nicht einreden, ich müsse damit aufhören und mich wehren.

Ein weises Wort
Liebe ist Freiheit von Bindungen. Wo Bindungen bestehen, existiert
Angst.
Jiddu Krishnamurti

Affirmationen
• Ich vertraue meiner Seelenstimme bedingungslos •
• Meine Selbstliebe lässt hingebungsvolle Liebe zu •
• Alles, was ich aus Liebe tue, ist gut und richtig •

Zum Umgang
mit Affirmationen
findest du eine
detaillierte Anlei-
tung auf Seite 16.

Mein Vorsatz für diese Aufgabe
Notiere möglichst konkret und präzise, wie die gestellte Aufgabe
für dich persönlich aussieht.

_____

_____

_____

_____

_____

_____

_____

_____

_____

_____

_____

_____

Schritt 24: Sei nicht überheblich.

Dieses Kapitel widme ich einigen Verhaltensweisen, die auf den ersten (oberflächlichen) Blick von Selbstbewusstsein und Selbstsicherheit zu zeugen scheinen. Doch das täuscht. In meinem Buch «Ich liebe mich selbst und mache mich glücklich» habe ich sie als kompensatorische Verhaltensweisen bezeichnet, weil sie einen Mangel an Selbstwertgefühl bis hin zu einem Minderwertigkeitskomplex tarnen und kompensieren. Ich spreche von all den Verhaltensweisen, mit denen wir versuchen, uns über Mitmenschen zu erheben oder sie kleiner zu machen, damit wir selbst uns größer fühlen.

Bei anderen fällt uns dieses Verhalten stärker auf als bei uns selbst. Diese Menschen legen eine falsche Selbstsicherheit und ein übertriebenes Selbstbewusstsein an den Tag, die sich mitunter sogar als Überheblichkeit oder Größenwahn äußern. Durchschauen wir diese Fassade, so entdecken wir dahinter den unsicheren Menschen, der an sich zweifelt und verletzlich ist.

Arroganz, Prahlerei, Geltungsdrang, angebliche Furchtlosigkeit, lautstarkes Ringen um Aufmerksamkeit, Aggressivität deuten ebenfalls auf einen Mangel an Selbstwertgefühl, der durch diese Verhaltensweisen kompensiert werden soll. Teilweise dienen sie auch dem Schutz, um von anderen nicht angegriffen und verletzt zu werden.

Es ist im Gegenzug offensichtlich, dass wir es nicht nötig haben, anderen ständig unsere Überlegenheit zu demonstrieren, wenn wir uns in uns selbst geborgen fühlen, unseren Wert erkennen und uns annehmen, wie wir sind, mit unseren Stärken und Schwächen.

Andere erniedrigen

Erniedrigen ist hier im wahren Sinne des Wortes zu verstehen: *niedrig machen*. Es braucht nicht einmal mit klarer Demütigung und Verletzung einherzugehen, es genügt, dass wir die Eigenschaften, Fähigkeiten und Leistungen anderer abwerten: «So schwierig war deine Aufgabe nun auch wieder nicht»; «Dafür, dass du so viele Jahre in den

USA gelebt hast, ist dein Englisch aber nicht wirklich gut.»
Gern bringen wir uns dabei als Vergleich mit ins Spiel: «Das
kann ich auch»; «Mir sagt man in Paris immer, ich spreche
akzentfrei Französisch.»

Analoges tun wir, indem wir Aussagen anderer berichtigen oder ergänzen. Zeigt sich jemand begeistert von einem
Popstar, sagen wir herablassend: «Viel Show, aber musika-
lisch nichts wert.» Erzählt jemand von seiner Japanreise im
Oktober, merken wir an: «Sollte man das Land nicht eher
im Frühjahr besuchen, wenn die Kirschbäume blühen?»

Bevorzugt erniedrigen wir Mitmenschen und stellen sie
bloß, wenn andere zuhören.

Sich selbst erhöhen

Kennst du auch Menschen, die immer nur von sich erzählen, die auf jede Aussage eines anderen aufspringen, um
sofort sich selbst in den Mittelpunkt zu stellen und von eigenen Erlebnissen zu berichten? Bei denen sich jeder Satz
wie Prahlerei anhört?

Selbst wenn sie wahre Begebenheiten berichten, schmü-
cken sie diese aus und übertreiben, stellen sich besser dar
und lassen Details weg, die wenig schmeichelhaft wären,
oder betonen, wie ein anderer versagt hat bei dem, was sie
selbst so gut bewältigt haben. Auch erwähnen sie allzu oft,
jemand habe sie gelobt, bewundert oder sich bei ihnen für
ihre große Leistung überschwänglich bedankt.

Natürlich ist nichts dagegen einzuwenden, dass wir von
uns und dem eigenen Erlebten erzählen, im Gegenteil. Sind
wir ehrlich mit uns selbst, spüren wir jedoch gut, ob wir es
jeweils tun, um andere zu erheitern, zu einer Diskussion
beizutragen, Freunde an unserem Leben teilhaben zu lassen – oder ob es unser Ziel ist, Anerkennung und Bewunderung zu bekommen, zuweilen sogar auf Kosten anderer.

Ebenso gut spüren wir, ob wir die Aussage eines anderen
korrigieren, da sie einen Fehler enthält, der berichtigt werden muss, oder ob es nur um unsere Selbstdarstellung geht.
Merken wir etwas als echte Bereicherung des Gesprächs
an, ist es in Ordnung; nicht aber wenn es nur dem Zweck
dient, das eigene Wissen in den Vordergrund zu rücken und
andere dumm aussehen zu lassen.

→ Zur auf-
bauenden Kritik
vergleiche
Seite 61

Wir sollten uns immer so verhalten, dass die Mitmenschen sich in unserer Gegenwart wohlfühlen: aufmerksam und interessiert, wenn sie etwas erzählen, milde und aufbauend, wenn wir eine →Kritik anbringen, liebenswürdig und wertschätzend in unserer ganzen Art. Dabei dürfen wir durchaus selbstsicher sein; die obigen Aussagen bedeuten keineswegs, dass wir zu allem schweigen und lächeln müssen. Es genügt, ehrlich mit uns selbst und etwas achtsam zu sein, dann spüren wir, ob wir uns überheblich und besserwisserisch verhalten oder lediglich sachlich korrekt.

Die Übungsaufgabe

• Achte bei dir selbst auf die folgenden Verhaltensweisen:
– Besserwisserei, andere ständig korrigieren, zu allem den eigenen Senf dazugeben;
– Übertreibung und Prahlerei, die eigenen Eigenschaften, Fähigkeiten und Leistungen in den Vordergrund stellen;
– Herabwürdigung, Erniedrigung, Demütigung anderer.

Wenn du eine dieser Verhaltensweisen bei dir beobachtest, versuche sofort umzuschwenken, deine Aussage zu berichtigen oder zumindest abzuschwächen und/oder etwas Aufbauendes, Positives über andere hinzuzufügen.

• Beobachte deine Mitmenschen hinsichtlich der oben genannten Verhaltensweisen, schau hinter ihre Fassade und erkenne, wie schwach ihr Selbstwertgefühl ist. Dies kann dir helfen, deine eigenen Schwächen in diesem Bereich besser wahrzunehmen und dein Verhalten zu ändern. Und es hilft dir vor allem auch, bei solchen Menschen nicht mit Opposition oder in der gleichen Weise zu reagieren, was ihren Mangel an Selbstwertgefühl nur noch verstärkt, sondern verständnisvoll und aufbauend zu wirken und ihnen damit auch zu helfen.

Wie gesagt, sachliche Kritik ist dennoch angebracht. Auch brauchst du dich nicht schlecht behandeln zu lassen; bleib dir deines Wertes bewusst und erlaube niemandem, diesen zu erniedrigen.

• Verhalte dich generell so, dass andere Menschen sich von dir geachtet, verstanden, ernst genommen, akzeptiert fühlen. Milde, Wohlwollen, Toleranz, Entgegenkommen sollst du ausüben.

Unterschätze den letzten Punkt der Aufgabe nicht. Willst du nämlich anderen aufwertend begegnen, legst du automatisch alle eigenen kompensatorischen Verhaltensweisen ab. Zudem lernst du dadurch, auch mit dir selbst weniger hart und unnachgiebig umzugehen. Was du anderen Gutes tust, das tust du auch dir selbst.

Arbeitsblatt zum 24. Schritt

Der tragende Gedanke
Ich bin mir bewusst, dass Arroganz, Besserwisserei und verwandte
Verhaltensweisen ein Zeichen für ein niedriges Selbstwertgefühl
sind. Ich verhalte mich stets so, dass andere sich in meiner Gegenwart wohlfühlen.

Ein weises Wort
Vieles, was nach außen als Anmaßung und Hochmut erscheint,
ist in Wirklichkeit Unsicherheit oder gar Angst.
Oswald Bumke

Zum Umgang
mit Affirmationen
findest du eine
detaillierte Anlei-
tung auf Seite 16.

Affirmationen
• Ich öffne mein Herz dem Wohlwollen für alle Wesen •
• Ich fühle mich selbstsicher und ruhe in mir selbst •
• Ich behandle alle Menschen mit Milde und Verständnis •

Mein Vorsatz für diese Aufgabe
Notiere möglichst konkret und präzise, wie die gestellte Aufgabe
für dich persönlich aussieht.

_____

_____

_____

_____

_____

_____

_____

_____

_____

_____

_____

Schritt 25: Schwimm gegen den Strom.

Wissenschaftler erforschten in einem →Experiment, wie stark Gruppendruck sich auswirkt. Man bat 52 Personen, drei verschiedene Weine zu beurteilen. In Wirklichkeit waren alle gleich, nur der Probe C war Essig beigemischt worden, sodass sie ungenießbar wurde. Alle Testpersonen erkannten zweifelsfrei den Wein C als schlecht.

→ Quelle: Artikel «Betonkopf auf dem Wendehals» von Rolf Degen, erschienen in Bild der Wissenschaft 4/2011.

Bei einer zweiten Degustation, wiederum mit drei angeblich verschiedenen, in Wirklichkeit jedoch gleichen Proben, war ebenfalls Wein C mit Essig versetzt. Diesmal nahmen auch Personen teil, die sich als Weinexperten vorstellten; sie bezeichneten absichtlich die Probe B als ungenießbar. Unter dem Gruppendruck der Fachleute ließen sich mehr als die Hälfte der Studienteilnehmer dazu verleiten, ebenfalls die Probe B zu nennen. Schlimmer noch: Ausgerechnet diese Personen kritisierten bei der anschließenden Gruppendiskussion am heftigsten die Unfähigkeit derjenigen, die richtigerweise den Wein C gewählt hatten. Dieses Verhalten lässt sich leicht erklären: Wer nicht seine wahre Meinung äußerte, fühlte sich unsicher und versuchte es dadurch zu überspielen, dass er seine Überzeugung fanatischer vertrat und Andersdenkende niedermachte.

Die Angst, ein Außenseiter zu sein

Beträfe dieses Verhalten, uns dem Urteil der Mehrheit anzupassen, nur Weindegustationen und andere harmlose Belange, so wäre es nicht weiter tragisch. Das Phänomen tritt jedoch auch im Familien- und Freundeskreis auf: Es fällt uns mitunter schwer, zur eigenen Meinung zu stehen, wenn alle sich für das Gegenteil aussprechen. Besonders ausgeprägt können wir das bei Jugendlichen beobachten, die auf keinen Fall als Außenseiter gelten wollen und sich deshalb auch zu Dummheiten hinreißen lassen, die sie allein niemals machen würden.

Analoges, mit noch weiter reichenden Konsequenzen, geschieht bei Glaubenssystemen und Werten, von denen wir annehmen, sie würden von der Mehrheit akzeptiert, sei es, weil sich nur die Meinungsmacher lautstark äußern, sei es, weil sich niemand öffentlich dagegen auflehnt. So werden extreme politische und soziale Ansichten gesellschaftsfähig, was bis zu toleriertem Fundamentalismus und Fanatismus reichen und zu blindem Gehorsam gegenüber der Obrigkeit führen kann. Nur Menschen, die ein starkes eigenes Glaubenssystem besitzen, widerstehen der «falschen Wahrheit der Mehrheit».

Es ist in der Tat nicht leicht, dem Gruppendruck zu entkommen; Studien gemäß haben weder Bildung, Beruf, Alter, Einkommen noch andere Parameter Einfluss darauf. Weil wir befürchten, von den Mitmenschen als dumm, feige, naiv, ungebildet, schwach, unsicher beurteilt zu werden, schweigen wir lieber oder schließen uns der Mehrheitsmeinung an. Diese Angst vor einer negativen Bewertung durch andere, vor Liebesentzug und vor dem Ausschluss aus der Gemeinschaft verrät einen Mangel an Selbstwertgefühl.

Ein weiterer Grund für «Mitläufertum» kann darin liegen, dass wir uns selbst zu wenig vertrauen, der eigenen Intuition, der Seelenstimme, unserem Wissen und Urteilsvermögen. So hören wir lieber auf andere. Ohne zu bedenken, dass weder die Masse noch Einzelne «Experten» immer recht haben, und dass diese, wie vorher erläutert, gerade dann besonders auf ihrer Meinung beharren, wenn sie selbst unsicher sind oder zweifeln.

Dem Gruppendruck widerstehen

Lass dich nie in deiner Überzeugung beirren. Und wenn alle anderen das Gegenteil behaupten: Hab den Mut, gegen den Strom zu schwimmen! Nicht nur mit Worten, indem du eine bestimmte Meinung vertrittst, sondern auch durch Taten. Oft lassen wir uns von den guten Ratschlägen oder Bedenken anderer nämlich verunsichern und begraben unser Vorhaben. Ich will damit nicht sagen, wir sollen uns sachliche Argumente nicht anhören, aber folgen sollen wir ihnen nur, wenn sie uns *tatsächlich überzeugen,* und nicht nur, weil die Mehrheit sie vertritt.

Auch wenn wir einen sogenannten Fehler machen, weil wir nicht auf die anderen gehört haben, so sind wir uns wenigstens treu geblieben, was jeden Fehler aufwiegt.

Mach dir auch bewusst, dass du von den meisten Menschen nicht geschätzt wirst, wenn du wankelmütig und beeinflussbar bist; vielmehr achten wir doch diejenigen, die zu ihrer Meinung stehen. Reagieren andere gereizt oder vorwurfsvoll, falls du nicht auf sie hörst, so ist dies auf eine Verletzung ihres Selbstwertes zurückzuführen: Sie fühlen sich unbeachtet, übergangen oder nicht ernst genommen, vielleicht sogar bloßgestellt und erniedrigt. Aber denk daran: Es ist *dein* Leben, du hast das Recht auf deine eigenen Urteile und Entscheidungen, zumal ja auch nur du selbst die Konsequenzen dafür trägst.

Die Übungsaufgabe

• Achte bei Diskussionen darauf, deine Ansicht nicht vorschnell aufzugeben, bloß weil die Mehrheit anders denkt; du brauchst indes nicht →stundenlang Argument um Argument vorzubringen, du darfst sagen: «Ihr habt eure Meinung, ich habe meine. Lassen wir es dabei bewenden.»

→ Zu den endlosen Diskussionen vergleiche auch Seiten 54 und 128.

• Lass dich von Vorhaben, von denen du überzeugt bist, nicht abhalten, weil andere sich dagegen aussprechen, dir sogar Angst zu machen versuchen, was alles schiefgehen kann, oder dich als dumm, unvernünftig oder unbelehrbar hinstellen. Besonders von Familienmitgliedern erleben wir ein solches Verhalten immer wieder; vielleicht meinen sie es ja tatsächlich gut, aber auch die Menschen, die dich lieben, sind nicht vollkommen und haben kein Recht, sich in dein Leben einzumischen. Du darfst sie sachlich darauf hinweisen, dass du es als respektlos empfindest, wenn sie dir nicht zutrauen, eine gute Entscheidung zu treffen.
• Als spannende Übung kannst du einmal bei einer Diskussion, etwa zu politischen Themen oder über einen Film, ein Konzert, eine Speise, wenn alle sich einig sind, den Advocatus Diaboli spielen, den «Anwalt des Teufels», und absichtlich die entgegengesetzte Meinung vertreten und vehement verteidigen. Wenn du dazu keine Lust mehr hast, teilst du deinen Gesprächspartnern einfach mit, dass du ebenfalls ihrer Ansicht bist und nur aus Spaß/Interesse sehen wolltest, welch gescheite Argumente sie ins Feld führen.

Treib dein Spiel ruhig recht weit: Wenn es wahre Freunde sind, wird niemand dich dafür verurteilen, dass du eine andere Meinung vertrittst, und sei sie so noch so unpopulär. Es wird für dich spannend und lehrreich sein, wie es sich anfühlt, mit einer extremen Position gegen die Mehrheit zu dir selbst zu stehen. So wird es dir dann sicher auch gelingen, wenn es dir ernst ist.

• Du kannst die Übung «gegen den Strom schwimmen» auf dein Verhalten ausdehnen, natürlich nur in Bezug auf dich selbst, ohne andere darin zu verwickeln, zu nötigen oder zu verletzen. Beispielsweise indem du dich für einen Anlass «altmodisch» oder «verrückt» kleidest, einmal einen Monat ohne Handy lebst, für ein paar Tage die Haare grün färbst – Möglichkeiten gibt es genug – und dabei der Kritik der Mitmenschen mit Selbstbewusstsein begegnest und zu deinem Verhalten stehst.

Arbeitsblatt zum 25. Schritt

Der tragende Gedanke
Ich bin mir bewusst, wie stark Gruppendruck auf mich wirken kann,
aber ich widerstehe ihm und lasse mich in meiner Überzeugung
nicht beirren. Ich habe den Mut, zu mir selbst zu stehen, auch wenn
die Mehrheit anderer Meinung ist.

Ein weises Wort
Glaubt denen, die nach der Wahrheit suchen, und zweifelt an denen,
die sie finden; zieht alles in Zweifel, nur nicht euch selbst.
André Gide

Affirmationen
• Ich stehe jederzeit zu mir selbst •
• Meine Überzeugung ist meine Wahrheit •
• Ich vertraue mir selbst und höre auf meine Seelenstimme •

Zum Umgang
mit Affirmationen
findest du eine
detaillierte Anlei-
tung auf Seite 16.

Mein Vorsatz für diese Aufgabe
Notiere möglichst konkret und präzise, wie die gestellte Aufgabe
für dich persönlich aussieht.

Schritt 26: Gönne dir alles.

«Nichts zu tun ist harte Arbeit.» Wie wahr ist doch diese Aussage von Oscar Wilde! Wir Menschen der Leistungsgesellschaft setzen Nichtstun schnell mit Faulheit gleich, verdiente Muße mit Müßiggang – und bekanntlich ist ja Müßiggang aller Laster Anfang. So kostet es uns tatsächlich oft Überwindung, einmal nichts zu tun, wir müssen uns beinahe dazu zwingen. Nicht selten verurteilen wir uns dafür, bekommen ein schlechtes Gewissen und suchen krampfhaft nach Rechtfertigungen und Ausreden vor uns selbst und anderen: «Ich habe Kopfschmerzen»; «Ich fühle mich nicht gut»; «Ich habe schlecht geschlafen»; «Es ist die letzte Ruhe vor dem Sturm.»

Einerseits liegt es daran, dass wir nicht als faul angesehen werden wollen: «Was denkt man von mir, wenn man mich im Garten in der Sonne liegen sieht, mitten am Tag, während alle arbeiten?»

→ Zum Perfektionismus vergleiche Schritt 6, Seite 43 ff.

Andererseits aber auch daran, dass wir unser Selbstwertgefühl daraus beziehen, wie nützlich wir sind. Deshalb neigen wir zu übertriebenem Pflichtbewusstsein und →Perfektionismus: Wir fühlen uns umso wertvoller, je mehr wir leisten. So ist es aber nicht. Wir *sind* wertvoll, unendlich wertvoll, egal was wir tun. Und dieser Wert hängt nicht von Äußerem ab, er ist stets unverändert und unveränderlich.

Geizen – mit sich selbst

→ Die Liste dieser Verhaltensweisen, die dazu dient, das eigene Selbstwertgefühl und die eigene Selbstliebe einzuschätzen, findet sich in meinem Buch «Ich liebe mich selbst und mache mich glücklich»; Info siehe Seite 152.

Aus meiner →Liste mit 60 Verhaltensweisen, die vom Mangel an Selbstwertgefühl und Selbstliebe zeugen, trafen seinerzeit die allermeisten auf mich zu. Doch geizig mit mir war ich nie. Wenn ich mir etwas Gutes tun wollte, so hielt ich mich nicht zurück: mir etwas Schönes kaufen, gut essen, einen faulen Nachmittag auf der Terrasse, ein Buch lesen statt die Wäsche bügeln, …

In meinen Kursen über die Selbstliebe erzählten Teilnehmer jedoch immer wieder, dass sie das nicht konnten. Sie gönnten sich keine Ruhe, solange im Haushalt oder bei der Arbeit nicht alles erledigt war, und fühlten sich schlecht, wenn sie sich einfach Zeit für sich selbst nahmen. Im Gruppengespräch kristallisierte sich dann oft heraus, dass sie sich nicht für wert hielten, sich etwas zu gönnen.

Wie gesagt, ich selbst litt nicht darunter, wohl aber unter der Angst, von meinen Mitmenschen deswegen negativ beurteilt zu werden. So gönnte ich mir zwar Auszeiten und Tage für mich selbst, versuchte jedoch oft, dies zu verheimlichen. Ich erfand Ausreden wie berufliche Sitzungen, bei denen ich mich nicht stören lassen konnte, damit niemand merkte, dass ich nicht am Arbeiten, sondern in den Bergen beim Wandern war.

Doch freuen wir uns etwa nicht, wenn ein Mensch, den wir mögen oder gar lieben, etwas Schönes erlebt? Gönnen wir es ihm nicht? Und haben wir nicht auch schon andere dazu aufgefordert, sich auszuruhen, Entspannung und Ablenkung zu suchen? Nicht so streng mit sich selbst zu sein und die Pflichten liegen zu lassen?

Die Übungsaufgabe
Gönnen wir uns also selbst auch Ruhe und Muße und Nichtstun. Einfach, weil wir Lust darauf haben. Weil wir es in uns spüren. Weil der Körper es möchte. Oder unser Geist. Oder die Seele. Und hören wir auf, eine Begründung oder Rechtfertigung zu suchen und abzugeben. Anderen gegenüber nicht und schon gar nicht für uns selbst.

Zu diesem Thema schlage ich dir zwei Aufgaben vor:
• Eine To-do-Liste mit allem, was wir noch machen müssen, haben wir ja stets im Kopf. Stell dir jetzt eine *Not-to-do-Liste* zusammen, schreib also alles auf, was du heute und/oder in den nächsten Tagen *nicht* tun/erledigen wirst. Und sie soll mindestens so lang sein wie deine To-do-Liste! Beispiele:
– kein Mittagessen kochen (stattdessen vom Pizzaservice etwas kommen lassen);
– nicht zur Arbeit gehen (also den Chef anrufen und einen freien Tag nehmen);
– die Eltern nicht besuchen (ohne Ausrede freundlich absagen).
• An einem Morgen stellst du dir vor: «Heute ist der letzte Tag, morgen geht die Welt unter.» Lebe einen Tag lang, als gäbe es kein Morgen. Würdest du dir da nicht noch etwas

gönnen, dir selbst etwas zuliebe tun? Dich so verhalten, wie du es gern möchtest, ohne Rücksicht darauf zu nehmen, was die Leute denken oder sagen? Deine Maske ablegen und dich zeigen, wie du wirklich bist, mit deinen Stärken und Schwächen, Freuden und Leiden?

Es ist den Versuch wert, einmal einen Tag lang so zu leben, als gäbe es weder für dich noch für alle anderen einen weiteren, und eine angemessene Übung, um diesen Kurs über Selbstliebe abzuschließen.

Bring diesen Mut auf, spring einen Tag lang über deinen Schatten. Du wirst staunen, wie gut du dich dabei fühlst, und wie wenig von den Konsequenzen, die du für gewöhnlich befürchtest, tatsächlich eintreten.

Und dann versuchst du es an einem anderen Tag noch einmal... und noch einmal... und irgendwann wird es zu deiner normalen Lebensweise.

Arbeitsblatt zum 26. Schritt

Der tragende Gedanke
Ich bin es wert, mir etwas Gutes zu tun, wann immer ich Lust darauf habe. Auch Ruhe, Muße und Nichtstun stehen mir zu, ohne Begründung oder Rechtfertigung. Ich gönne mir alles, was ich meinen Lieben gönnen würde, und mehr.

Ein weises Wort
Genießen wir, was uns der Tag schenkt! Wer weiß, ob ein solcher Tag uns nochmals vergönnt ist.
Hafis

Affirmationen
• Ich gönne mir alles und bin lieb zu mir •
• Ich gönne mir Ruhe und Entspannung und Nichtstun •
• Ich bin es wert, das Leben zu genießen •

Zum Umgang mit Affirmationen findest du eine detaillierte Anleitung auf Seite 16.

Mein Vorsatz für diese Aufgabe
Notiere möglichst konkret und präzise, wie die gestellte Aufgabe für dich persönlich aussieht.

Ein kurzes Schlusswort

Nun bist du am Ende dieses Buches mit Übungen zur Selbstliebe angekommen. Aber bestimmt nicht am Ende deiner Bemühungen. Der Aufbau und die Stärkung der Selbstliebe und des Selbstwertgefühls ist ein langer Prozess.

Ich will an dieser Stelle nicht die wichtigsten Erkenntnisse zusammenfassen; du kannst ja dieses Buch jederzeit wieder zur Hand nehmen und etwas nachlesen.

Nur Mut machen will ich dir nochmals, denn Mut ist eine Grundvoraussetzung. Trau dich, etwas zu versuchen! Wag es, dich zu verändern! Du hast nichts zu verlieren, glaub mir das. Du wirst jede Herausforderung meistern, und im Nachhinein lachst du darüber und findest, dass es gar nicht so schlimm war. Alles schaffst du, wenn du es bloß mutig anpackst.

Und Geduld brauchst du, das ist nach dem Mut die zweite wichtige Voraussetzung. Geduld mit dir selbst. Nicht alles wird dir auf Anhieb gelingen, manches braucht mehrere, ja viele Anläufe. Gib nicht auf! Verurteile dich auch nicht für eine vermeintliche Unfähigkeit, mach dir nie, nie, nie Vorwürfe. Es ist immer alles gut, wie es gerade ist.

Noch etwas möchte ich dir auf deinen weiteren Weg mitgeben: Selbst wenn du es nicht merkst, eine Wandlung findet in dir statt, darauf darfst du absolut vertrauen. Allein dadurch, dass du dich bemühst. Schon dadurch, dass du dieses Buch gelesen hast. Bitte, glaube mir auch das.

Mit dem nachfolgenden Text, den ich vor langer Zeit geschrieben habe, als ich selbst noch an meiner Selbstliebe und meinem Selbstwertgefühl baute, verabschiede ich mich von dir und wünsche dir Mut, Geduld und viel Lebensfreude auf deinem Weg.

Liebe

Ein Leben ohne Liebe
ist traurig und leer,
doch es genügt,
dass du selbst liebst,
das ist der Sonnenstrahl,
der die Knospe deiner Seele
zum Erblühen und Leuchten bringt!
Die Liebe, die du schenkst,
macht dich glücklicher als alle Liebe,
die du bekommst.
Beginne bei dir selbst –
nein, sag nicht: «Ich bin es nicht wert!»
Du bist liebenswert,
du bist wertvoll,
ganz einfach weil du bist,
weil du ein Wesen dieser Welt bist.
Fühle deine Liebe für dich selbst,
deine bedingungslose Liebe für dich.
Vertraue darauf: Liebst du dich selbst
und liebst du wenigstens einen Menschen,
ohne etwas dafür zu erwarten,
wird diese Liebe, die du aussendest,
zu dir zurückkommen,
und ein Mensch wird dich ebenso lieben.

Reihe «Wegweiser» des nada Verlags

Bei allen Büchern dieser Reihe handelt es sich um Selbsthilfe-Ratgeber, die jeweils wie ein Kurs mit Aufgaben und Übungen aufgebaut sind.

Karin Jundt: Ich liebe mich selbst und mache mich glücklich
Softcover, 140 Seiten, ISBN 978-3-907091-04-3
Selbstliebe und Selbstwertgefühl sind unerlässlich für ein erfülltes, selbstbestimmtes, glückliches Leben. Die Autorin entwickelte auf der Basis ihrer Erfahrungen eine Methode zum Aufbau und zur Stärkung dieser wertvollen Eigenschaften und lehrte sie viele Jahre lang in Kursen und Seminaren.

Karin Jundt: Liebe ist kein Deal
Softcover, 184 Seiten, ISBN 978-3-907091-16-6
Der Liebesdeal ist das in Paarbeziehungen am häufigsten gelebte Modell. Es beruht auf dem Prinzip eines ausgewogenen Gebens und Nehmens mit einem fairen Verhältnis zwischen Rechten und Pflichten. Wonach wir uns in Wahrheit aber sehnen, ist die bedingungslose, vorbehaltlose Liebe, ohne Forderungen und Erwartungen.
Das Buch zeigt den Weg zur selbstlosen Liebe und ist ein Ratgeber, um eine Partnerschaft friedlicher und bereichernder zu gestalten.

Karin Jundt: Die weise Führung der Seelenstimme
Softcover, 104 Seiten, ISBN 978-3-907091-18-0
Die Stimme der Seele – Seele nicht in einem eng religiösen Sinn verstanden, sondern als das Höhere, die Weisheit in uns – ist die Stimme der Wahrheit. Anders als die Stimmen des Verstands, Bauchs, Herzens und Unbewussten kann sie uns zuverlässig und stetig durch das ganze Leben leiten.
Obwohl sich die leise Seelenstimme nicht in klaren Worten äußert, ist jeder Mensch in der Lage, sie zu hören und zu verstehen, denn ihre besondere «Sprache» lässt sich lernen. Karin Jundt entwickelte dazu eine eigene Methode, die sie in Kursen weitergab und in diesem Buch erläutert.

Karin Jundt: Karma Yoga – Auf dem sonnigen Weg durch das Leben
Softcover, 140 Seiten, ISBN 978-3-907091-03-6
Der Karma Yoga, eine jahrtausendealte Lehre aus Indien, ist im Westen kaum bekannt. Man kann ihn, unabhängig von der eigenen religiösen Ausrichtung, zur wohltuenden Veränderung der inneren Haltungen praktizieren. Seine Erkenntnisse lassen sich leicht in das normale Leben einbauen und machen den Alltag selbst zum Übungsplatz. Den Grundsätzen des Karma Yoga zu folgen, führt zu einem Dasein mit weniger Ängsten und Sorgen und mehr Zuversicht und Mut.

Belletristik im nada Verlag

Manfred Kyber: Der Königsgaukler
Hardcover, 72 Seiten, ISBN 978-3-907091-08-1
Ein zeitloses spirituelles Märchen über den Lebensweg eines jeden
Menschen zu seinem höheren Selbst, ein Märchen, das Mut macht,
Hoffnung schenkt und Trost spendet. Diese neue Ausgabe entspricht
dem Originaltext der Erstpublikation aus dem Jahr 1921, berück-
sichtigt jedoch die neue deutsche Rechtschreibung.
Das Büchlein ist liebevoll und edel gestaltet, um diesem Juwel der
spirituellen Literatur gerecht zu werden, und eignet sich auch hervor-
ragend als Geschenk.

Gianna Duschletta, Karin Jundt: Baderledas und Einsichten
Zweisprachig Deutsch / Rätoromanisch (Puter)
Softcover, 152 Seiten, ISBN 978-3-907091-17-3
In dieser Sammlung von Anekdoten und kurzen Geschichten plaudern
die Autorinnen über ihre Erinnerungen, Erfahrungen, Beobachtungen
und Gedanken. Jeder Text ist zweisprachig Deutsch und Rätoromanisch (Puter).
In quista collecziun dad anecdotas ed istorgias cuortas baderlan las
auturas da lur algordanzas, experienzas, observaziuns ed impissa-
maints. Mincha text es biling rumauntsch (puter) e tudas-ch.

Karin Jundt: Jonathan von der Insel
Softcover, 160 Seiten, ISBN 978-3-907091-09-8
E-Book: ISBN 978-3-907091-11-1
Der Fischer Jonathan macht einen außergewöhnlichen Fang: einen
bunten, sprechenden Fisch, der Wünsche erfüllt – allerdings anders, als
man es erwartet. Beim jungen Mann löst er den Prozess der bewussten
inneren Entwicklung aus. Auch Jonathans Freundin Serena begegnet
dem Fisch, und er weist ihr den Weg aus einer schwierigen, leidvollen
Zeit. Beim Dorftrottel Beppi scheint der Fisch sogar Wunder zu wirken.

Karin Jundt: Der Wanderer im dunklen Gewand
Softcover, 164 Seiten, ISBN 978-3-907091-10-4
E-Book: ISBN 978-3-907091-12-8
Er erwacht eines Nachts unter dem Sternenhimmel, weiß nicht, wer
er ist, woher er kommt, wohin er gehen soll, und macht sich auf den
Weg. In dieses Leben hineingestellt, sucht der Wanderer seinen Weg,
lernt durch Erfahrungen und Erkenntnisse – und wundert sich über
die immer zahlreicheren goldenen Flecken an seinen dunklen Kleidern.

Spirituelle Reihe «Sonnwandeln» des nada Verlags

«Sonnwandeln» ist ein von Karin Jundt erdachter Begriff mit der doppelten Bedeutung von «auf dem sonnigen Lebensweg wandeln» und «sich zu einem sonnigen Gemüt wandeln». Die Reihe umfasst fünf Bände, die aufeinander aufbauen.

Das Konzept ist einzigartig in seiner Ganzheitlichkeit und dem Alltagsbezug. Jedes Kapitel weist die gleiche Struktur auf: «Einführende Gedanken» bietet eine Einleitung in das Thema und wirft Fragen auf, die in den weiteren Rubriken «Vertiefende Aspekte» und «Fragen & Antworten» konkret und alltagsbezogen behandelt werden. Zu jedem Thema gibt es eine Aufgabe für die innere Entwicklung, ergänzt durch Vorschläge für Affirmationen, eine Imagination oder Meditation und unterstützende Heilsteine und Bach-Blüten.

Wie es für die Autorin charakteristisch ist, behandelt sie alle Themen mit einem klaren Bezug zum gewöhnlichen Alltag und gibt konkrete Anregungen.

Leseproben aus allen Büchern des nada Verlags und weitere Infos:
www.nada-verlag.ch

Websites von Karin Jundt:
www.selbstliebe.ch
www.karma-yoga.ch

Karin Jundt: *Der Sinn des Lebens und die Lebensschule*
(Sonnwandeln Band I), Softcover, 220 Seiten, ISBN 978-3-907091-05-0
Kap. 1: Der Sinn des Lebens und unsere Lebensaufgabe
Kap. 2: Lebensphasen und Lebenskrisen
Kap. 3: Zufall und Schicksal
Kap. 4: Freier Wille oder Vorbestimmung?
Kap. 5: Wille und Wollen
Kap. 6: Unsere Seelenstimme

Karin Jundt: *Alltägliches Handeln im spirituellen Geist*
(Sonnwandeln Band II), Softcover, 256 Seiten, ISBN 978-3-907091-07-4
Kap. 1: Viele Ängste, eine Angst: Ausweg Urvertrauen
Kap. 2: Die Macht der Gewohnheit
Kap. 3: Sieben Sünden, sieben Tugenden
Kap. 4: Du sollst nicht lügen!
Kap. 5: Ethik und Moral – Normen, Regeln, Konventionen
Kap. 6: Versuchung, Achtsamkeit und Selbstkontrolle

Karin Jundt: *Über allem die Liebe*
(Sonnwandeln Band III), Softcover, 236 Seiten, ISBN 978-3-907091-13-5
Kap. 1: Liebe deinen Nächsten wie dich selbst.
Kap. 2: Nächstenliebe – doch das oberste Gebot?
Kap. 3: Muss ich Vater und Mutter unbedingt ehren?
Kap. 4: Liebe ist kein Deal.
Kap. 5: Scheiden tut weh! Trennung und Tod
Kap. 6: Einsamkeit und Alleinsein

Karin Jundt: *Unsere innere Welt*
(Sonnwandeln Band IV), Softcover, 240 Seiten, ISBN 978-3-907091-14-2
Kap. 1: Mein Ego, dein Ego
Kap. 2: Denken und Fühlen
Kap. 3: Wünsche und Begehren
Kap. 4: Anhaftung und Loslassen
Kap. 5: Woher nehme ich die Kraft?
Kap. 6: Krank oder heil

Karin Jundt: *Das spirituelle Leben*
(Sonnwandeln Band V), Softcover, 216 Seiten, ISBN 978-3-907091-15-9
Kap. 1: Absolute Hingabe oder Freizeitspiritualität?
Kap. 2: Was gehört zu mir und was ist fremd?
Kap. 3: Heilige Schriften: nicht nur für Schriftgelehrte
Kap. 4: Inneres und äußeres Leben
Kap. 5: Und wo bleibt die Erleuchtung?